中外哲学典籍大全

总主编 李铁映 王伟光

外国哲学典籍卷

人类知识原理

〔英〕贝克莱 著

关文运 译

洪谦 校

George Berkeley

A TREATISE CONCERNING THE PRINCIPLES OF HUMAN KNOWLEDGE

本版译文根据英国 Everyman's Library 1946 年版
New Theory of Vision and Other Writings 一书校订

中外哲学典籍大全

外国哲学典籍卷

中外哲学典籍大全
总　　序

《中外哲学典籍大全》的编纂，是一项既有时代价值又有历史意义的重大工程。

中华民族经过了近一百八十年的艰苦奋斗，迎来了中国近代以来最好的发展时期，迎来了奋力实现中华民族伟大复兴的时期。中华民族只有总结古今中外的一切思想成就，才能并肩世界历史发展的大势。为此，我们须要编纂一部汇集中外古今哲学典籍的经典集成，为中华民族的伟大复兴、为人类命运共同体的建设、为人类社会的进步，提供哲学思想的精粹。

哲学是思想的花朵、文明的灵魂、精神的王冠。一个国家、民族，要兴旺发达，拥有光明的未来，就必须拥有精深的理论思维，拥有自己的哲学。哲学是推动社会变革和发展的理论力量，是激发人的精神砥石。哲学能够解放思想，净化心灵，照亮人类前行的道路。伟大的时代需要精邃的哲学。

一　哲学是智慧之学

哲学是什么？这既是一个古老的问题，又是哲学永恒的话题。追问“哲学是什么”，本身就是“哲学”问题。从哲学成为思维的那一天起，哲学家们就在不停的追问中发展、丰富哲学的篇章，给出一张又一张答卷。每个时代的哲学家对这个问题都有自己的诠释。哲学是什么，是悬在人类智慧面前的永恒之问，这正是哲学之为哲学的基本特点。

哲学是全部世界的观念形态、精神本质。人类面临的共同问题，是哲学研究的根本对象。本体论、认识论、世界观、人生观、价值观、实践论、方法论等，仍是哲学的基本问题，是哲学的生命力所在！哲学研究的是世界万物的根本性、本质性问题。人们已经对哲学作出许多具体定义，但我们可以尝试再用“遮诠”的方式描述哲学的一些特点，从而使人们加深对“何为哲学”的认识。

哲学不是玄虚之观。哲学来自人类实践，关乎人生。哲学对现实存在的一切追根究底、“打破砂锅问到底”。它不仅是问“是什么（being）”，而且主要是追问“为什么（why）”，特别是追问“为什么的为什么”。它关注整个宇宙，关注整个人类的命运，关注人生。它关心柴米油盐酱醋茶和人的生命的关系，关心人工智能对人类社会的挑战。哲学是对一切实践经验的理论升华，它关心具体现象背后的根据，关心“人类如何会更好”。

哲学是在根本层面上追问自然、社会和人本身，以彻底的态度反思已有的观念和认识，从价值理想出发把握生活的目标和历史的趋势，从而展示了人类理性思维的高度，凝结了民族进步的智慧，寄托了人们热爱光明、追求真善美的情怀。道不远人，人能弘道。哲学是把握世界、洞悉未来的学问，是思想解放与自由的大门！

古希腊的哲学家们被称为“望天者”。亚里士多德在《形而上学》一书中说："最初人们通过好奇一惊赞来做哲学。"如果说知识源于好奇的话，那么产生哲学的好奇心，必须是大好奇心。这种"大好奇心"只为一件"大事因缘"而来。所谓"大事"，就是天地之间一切事物的"为什么"。哲学精神，是"家事、国事、天下事，事事要问"，是一种永远追问的精神。

哲学不只是思想。哲学将思维本身作为自己的研究对象之一，对思想本身进行反思。哲学不是一般的知识体系，而是把知识概念作为研究的对象，追问"什么才是知识的真正来源和根据"。哲学的"非对象性"的思维方式，不是"纯形式"的推论原则，而有其"非对象性"之对象。哲学不断追求真理，是认识的精粹，是一个理论与实践兼而有之的过程。哲学追求真理的过程本身就显现了哲学的本质。天地之浩瀚，变化之奥妙，正是哲思的玄妙之处。

哲学不是宣示绝对性的教义教条，哲学反对一切形式的绝对。哲学解放束缚，意味着从一切思想教条中解放人类自身。哲学给了我们彻底反思过去的思想自由，给了我们深刻洞察未来的思想能力。哲学就是解放之学，是圣火和利剑。

哲学不是一般的知识。哲学追求"大智慧"。佛教讲"转识成智"，"识"与"智"之间的关系相当于知识与哲学的关系。一般知识是依据于具体认识对象而来的、有所依有所待的"识"，而哲学则是超越于具体对象之上的"智"。

公元前六世纪，中国的老子说："大方无隅，大器晚成，大音希声，大象无形，道隐无名。夫唯道，善贷且成。"又说："反者道之动，弱者道之用。天下万物生于有，有生于无。"对"道"的追求就是对有之为有、无形无名的探究，就是对"天地何以如此"的探究。这种追求,使得哲学具有了天地之大用,具有了超越有形有名之有限经验的大智慧。这种大智慧、大用途,超越一切限制的篱笆,具有趋向无限的解放能力。

哲学不是经验科学,但又与经验有联系。哲学从其诞生之日起,就包含于科学形态之中,是以科学形态出现的。哲学是以理性的方式、概念的方式、论证的方式来思考宇宙与人生的根本问题。在亚里士多德那里,凡是研究"实体(ousia)"的学问,都叫作"哲学"。而"第一实体"则是存在者中的"第一个"。研究"第一实体"的学问被称为"神学",也就是"形而上学",这正是后世所谓"哲学"。一般意义上的科学正是从"哲学"最初的意义上赢得自己最原初的规定性的。哲学虽然不是经验科学,却为科学划定了意义的范围,指明了方向。哲学最后必定指向宇宙、人生的根本问题,大科学家的工作在深层意义上总是具有哲学的意味,牛顿和爱因斯坦就是这样的典范。

哲学既不是自然科学,也不是文学、艺术,但在自然科学的前头,哲学的道路展现了;在文学、艺术的山顶,哲学的天梯出现了。哲学不断地激发人的探索和创造精神,使人在认识世界的过程中不断达到新境界,在改造世界的过程中从必然王国到达自由王国。

哲学不断从最根本的问题再次出发。哲学史在一定意义上就是不断重构新的世界观、认识人类自身的历史。哲学的历史呈现,正是对哲学的创造本性的最好说明。哲学史上每一个哲学家对根本问题的思考,都在为哲学添加新思维、新向度,犹如为天籁山上不断增添一只只黄鹂、翠鸟。

如果说哲学是哲学史的连续展现中所具有的统一性特征,那么这种“一”是在“多”个哲学的创造中实现的。如果说每一种哲学体系都追求一种体系性的“一”的话，那么每种“一”的体系之间都存在着千丝相联、多方组合的关系。这正是哲学史昭示于我们的哲学之多样性的意义。多样性与统一性的依存关系，正是哲学寻求现象与本质、具体与普遍相统一的辩证之意义。

哲学的追求是人类精神的自然趋向，是精神自由的花朵。哲学是思想的自由，是自由的思想。

中国哲学是中华民族五千年文明传统中最为内在、最为深刻、最为持久的精神追求和价值观表达。中国哲学已经化为中国人的思维方式、生活态度、道德准则、人生追求、精神境界。中国人的科学技术、伦理道德、小家大国、中医药学、诗歌文学、绘画书法、武术拳法、乡规民俗，乃至日常生活都浸润着中国哲学的精神。华夏文明虽历经磨难而能够透魄醒神、坚韧屹立，正是来自于中国哲学深邃的思维和创造力。

先秦时代，老子、孔子、庄子、孙子、韩非子等诸子之间的百家争鸣，就是哲学精神在中国的展现，是中国人思想解放的第一次大爆发。两汉四百多年的思想和制度，是诸子百家思想在争鸣过程中大整合的结果。魏晋之际玄学的发生，则是儒道冲破各自藩篱、彼此互动互补的结果，形成了儒家独尊的态势。隋唐三百年，佛教深入中国文化，又一次带来了思想的大融合和大解放。禅宗的形成就是这一融合和解放的结果。两宋三百多年，中国哲学迎来了第三次大解放。儒释道三教之间的互润互持日趋深入，朱熹的理学和陆象山的心学，就是这一思想潮流的哲学结晶。

与古希腊哲学强调沉思和理论建构不同，中国哲学的旨趣在于实践人文关怀，它更关注实践的义理性意义。在中国哲学当中，知与行从未分离，有着深厚的实践观点和生活观点。伦理道德观是中国哲学的贡献。马克思说："全部社会生活在本质上是实践的。"实践的观点、生活的观点也正是马克思主义认识论的基本观点。这种哲学上的契合性，正是马克思主义能够在中国扎根并不断中国化的哲学原因。

"实事求是"是中国的一句古话，在今天已成为深邃的哲理，成为中国人的思维方式和行为基准。实事求是就是解放思想，解放思想就是实事求是。实事求是是毛泽东思想的精髓，是改革开放的基石。只有解放思想才能实事求是。实事求是就是中国人始终坚持的哲学思想。实事求是就是依靠自己，走自己的道路，反对一切绝对观念。所谓中国化就是一切从中国实际出发，一切理论必须符合中国实际。

二 哲学的多样性

实践是人的存在形式，是哲学之母。实践是思维的动力、源泉、价值、标准。人们认识世界、探索规律的根本目的是改造世界、完善自己。哲学问题的提出和回答都离不开实践。马克思有句名言："哲学家们只是用不同的方式解释世界，而问题在于改变世界。"理论只有成为人的精神智慧，才具有改变世界的力量。

哲学关心人类命运。时代的哲学，必定关心时代的命运。对时代命运的关心就是对人类实践和命运的关心。人在实践中产生的一切都具有现实性。哲学的实践性必定带来哲学的现实性。哲学的现实性就是强调人在不断回答实践中的各种问题时应该具有的态度。

哲学作为一门科学是现实的。哲学是一门回答并解释现实的学问；哲学是人们联系实际、面对现实的思想。可以说哲学是现实的最本质的理论，也是本质的最现实的理论。哲学始终追问现实的发展和变化。哲学存在于实践中，也必定在现实中发展。哲学的现实性要求我们直面实践本身。

哲学不是简单跟在实践后面，成为当下实践的“奴仆”，而是以特有的深邃方式，关注着实践的发展，提升人的实践水平，为社会实践提供理论支撑。从直接的、急功近利的要求出发来理解和从事哲学，无异于向哲学提出它本身不可能完成的任务。哲学是深沉的反思、厚重的智慧，是对事物的抽象、理论的把握。哲学是人类把握世界最深邃的理论思维。

哲学是立足人的学问，是人用于理解世界、把握世界、改造世界的智慧之学。“民之所好，好之，民之所恶，恶之。”哲学的目的是为了人。用哲学理解外在的世界，理解人本身，也是为了用哲学改造世界、改造人。哲学研究无禁区，无终无界，与宇宙同在，与人类同在。

存在是多样的，发展亦是多样的，这是客观世界的必然。宇宙万物本身是多样的存在，多样的变化。历史表明，每一民族的文化都有其独特的价值。文化的多样性是自然律，是动力，是生命力。各民族文化之间的相互借鉴、补充浸染，共同推动着人类社会的发展和繁荣，这是规律。对象的多样性、复杂性，决定了哲学的多样性；即使对同一事物，人们也会产生不同的哲学认识，形成不同的哲学派别。哲学观点、思潮、流派及其表现形式上的区别,来自于哲学的时代性、地域性和民族性的差异。世界哲学是不同民族的哲学的荟萃。多样性构成了世界,百花齐放形成了花园。不同的民族会有不同风格的哲学。恰恰是哲学的民族性,使不同的哲学都可以在世界舞台上演绎出各种“戏剧”。不同民族即使有相似的哲学观点,在实践中的表达和运用也会各有特色。

人类的实践是多方面的,具有多样性、发展性,大体可以分为:改造自然界的实践、改造人类社会的实践、完善人本身的实践、提升人的精神世界的精神活动。人是实践中的人,实践是人的生命的第一属性。实践的社会性决定了哲学的社会性,哲学不是脱离社会现实生活的某种遐想,而是社会现实生活的观念形态,是文明进步的重要标志,是人的发展水平的重要维度。哲学的发展状况,反映着一个社会人的理性成熟程度,反映着这个社会的文明程度。

哲学史实质上是对自然史、社会史、人的发展史和人类思维史的总结和概括。自然界是多样的,社会是多样的,人类思维是多样的。所谓哲学的多样性,就是哲学基本观念、理论学说、方法的异同,是哲学思维方式上的多姿多彩。哲学的多样性是哲学的常态,是哲学进步、发展和繁荣的标志。哲学是人的哲学,哲学是人对事物的自觉,是人对外界和自我认识的学问,也是人把握世界和自我的学问。哲学的多样性,是哲学的常态和必然,是哲学发展和繁荣的内在动力。一般是普遍性,特色也是普遍性。从单一性到多样性,从简单性到复杂性,是哲学思维的一大变革。用一种哲学话语和方法否定另一种哲学话语和方法,这本身就不是哲学的态度。

多样性并不否定共同性、统一性、普遍性。物质和精神、存在和意识，一切事物都是在运动、变化中的，是哲学的基本问题，也是我们的基本哲学观点！

当今的世界如此纷繁复杂，哲学多样性就是世界多样性的反映。哲学是以观念形态表现出的现实世界。哲学的多样性，就是文明多样性和人类历史发展多样性的表达。多样性是宇宙之道。

哲学的实践性、多样性还体现在哲学的时代性上。哲学总是特定时代精神的精华，是一定历史条件下人的反思活动的理论形态。在不同的时代，哲学具有不同的内容和形式。哲学的多样性，也是历史时代多样性的表达，让我们能够更科学地理解不同历史时代，更为内在地理解历史发展的道理。多样性是历史之道。

哲学之所以能发挥解放思想的作用，原因就在于它始终关注实践，关注现实的发展；在于它始终关注着科学技术的进步。哲学本身没有绝对空间，没有自在的世界，只能是客观世界的映象、观念的形态。没有了现实性，哲学就远离人，远离了存在。哲学的实践性说到底是在说明哲学本质上是人的哲学，是人的思维，是为了人的科学！哲学的实践性、多样性告诉我们，哲学必须百花齐放、百家争鸣。哲学的发展首先要解放自己，解放哲学，也就是实现思维、观念及范式的变革。人类发展也必须多途并进、交流互鉴、共同繁荣。采百花之粉，才能酿天下之蜜。

三　哲学与当代中国

中国自古以来就有思辨的传统，中国思想史上的百家争鸣就是哲学繁荣的史象。哲学是历史发展的号角。中国思想文化的每一次大跃升，都是哲学解放的结果。中国古代贤哲的思想传承至今，他们的智慧已浸入中国人的精神境界和生命情怀。

中国共产党人历来重视哲学。1938 年，毛泽东同志在抗日战争最困难的时期，在延安研究哲学，创作了《实践论》和《矛盾论》，推动了中国革命的思想解放，成为中国人民的精神力量。

中华民族的伟大复兴必将迎来中国哲学的新发展。当代中国必须要有自己的哲学，当代中国的哲学必须要从根本上讲清楚中国道路的哲学内涵。中华民族的伟大复兴必须要有哲学的思维，必须要有不断深入的反思。发展的道路就是哲思的道路；文化的自信就是哲学思维的自信。哲学是引领者，可谓永恒的“北斗”，哲学是时代的“火焰”，是时代最精致最深刻的“光芒”。从社会变革的意义上说，任何一次巨大的社会变革，总是以理论思维为先导。理论的变革总是以思想观念的空前解放为前提，而“吹响”人类思想解放第一声“号角”的，往往就是代表时代精神精华的哲学。社会实践对于哲学的需求可谓“迫不及待”，因为哲学总是“吹响”新的时代的“号角”。“吹响”中国改革开放之“号角”的，正是“解放思想”“实践是检验真理的唯一标准”“不改革死路一条”等哲学观念。“吹响”新时代“号角”的是“中国梦”“人民对美好生活的向往，就是我们奋斗的目标”。发展是人类社会永恒的动力，变革是社会解放的永恒的课题，思想解放、解放思想是无尽的哲思。中国正走在理论和实践的双重探索之路上，搞探索没有哲学不成！

中国哲学的新发展，必须反映中国与世界最新的实践成果，必须反映科学的最新成果，必须具有走向未来的思想力量。今天的中国人所面临的历史时代，是史无前例的。14 亿人齐步迈向现代化，这是怎样的一幅历史画卷！是何等壮丽、令人震撼！不仅中国亘古未有，在世界历史上也从未有过。当今中国需要的哲学，是结合天道、地理、人德的哲学，是整合古今中外的哲学，只有这样的哲学才是中华民族伟大复兴的哲学。

当今中国需要的哲学，必须是适合中国的哲学。无论古今中外，再好的东西，也需要经过再吸收、再消化，经过现代化、中国化，才能成为今天中国自己的哲学。哲学的目的是解放人，哲学自身的发展也是一次思想解放，也是人的一次思维升华、羽化的过程。中国人的思想解放，总是随着历史不断进行的。历史有多长，思想解放的道路就有多长；发展进步是永恒的，思想解放也是永无止境的；思想解放就是哲学的解放。

习近平同志在 2013 年 8 月 19 日重要讲话中指出，思想工作就是“引导人们更加全面客观地认识当代中国、看待外部世界”。这就需要我们确立一种“知己知彼”的知识态度和理论立场，而哲学则是对文明价值核心最精炼和最集中的深邃性表达，有助于我们认识中国、认识世界。立足中国、认识中国，需要我们审视我们走过的道路；立足中国、认识世界，需要我们观察和借鉴世界历史上的不同文化。中国“独特的文化传统”、中国“独特的历史命运”、中国“独特的基本国情”，决定了我们必然要走适合自己特点的发展道路。一切现实的、存在的社会制度，其形态都是具体的，都是特色的，都必须是符合本国实际的。抽象的或所谓“普世”的制度是不存在的。同时，我们要全面、客观地“看待外部世界”。研究古今中外的哲学，是中国认识世界、认识人类史、认识自己未来发展的必修课。今天中国的发展不仅要读中国书，还要读世界书。不仅要学习自然科学、社会科学的经典，更要学习哲学的经典。当前，中国正走在实现“中国梦”的“长征”路上，这也正是一条思想不断解放的道路！要回答中国的问题，解释中国的发展，首先需要哲学思维本身的解放。哲学的发展，就是哲学的解放，这是由哲学的实践性、时代性所决定的。哲学无禁区、无疆界。哲学关乎宇宙之精神，关乎人类之思想。哲学将与宇宙、人类同在。

四　哲学典籍

《中外哲学典籍大全》的编纂，是要让中国人能研究中外哲学经典，吸收人类思想的精华；是要提升我们的思维，让中国人的思想更加理性、更加科学、更加智慧。

中国有盛世修典的传统，如中国古代的多部典籍类书（如《永乐大典》《四库全书》等）。在新时代编纂《中外哲学典籍大全》，是我们的历史使命，是民族复兴的重大思想工程。

只有学习和借鉴人类思想的成就，才能实现我们自己的发展，走向未来。《中外哲学典籍大全》的编纂，就是在思维层面上，在智慧境界中，继承自己的精神文明，学习世界优秀文化。这是我们的必修课。

不同文化之间的交流、合作和友谊，必须在哲学层面上获得相互认同和借鉴。哲学之间的对话和倾听，才是从心到心的交流。《中外哲学典籍大全》的编纂，就是在搭建心心相通的桥梁。

我们编纂的这套哲学典籍大全包括四个方面的内容：一是中国哲学，整理中国历史上的思想典籍，浓缩中国思想史上的精华；

二是外国哲学，主要是西方哲学，以吸收、借鉴人类发展的优秀哲学成果；三是马克思主义哲学，展示马克思主义哲学中国化的成就；四是中国近现代以来的哲学成果，特别是马克思主义在中国的发展。

编纂《中外哲学典籍大全》，是中国哲学界早有的心愿，也是哲学界的一份奉献。《中外哲学典籍大全》总结的是经典中的思想，是先哲们的思维，是前人的足迹。我们希望把它们奉献给后来人，使他们能够站在前人的肩膀上，站在历史岸边看待自身。

《中外哲学典籍大全》的编纂，是以“知以藏往”的方式实现“神以知来”；《中外哲学典籍大全》的编纂，是通过对中外哲学历史的“原始反终”，从人类共同面临的根本大问题出发，在哲学生生不息的道路上，彩绘出人类文明进步的盛德大业！

发展的中国，既是一个政治、经济大国，也是一个文化大国，也必将是一个哲学大国、思想王国。人类的精神文明成果是不分国界的，哲学的边界是实践，实践的永恒性是哲学的永续线性，敞开胸怀拥抱人类文明成就，是一个民族和国家自强自立，始终伫立于人类文明潮流的根本条件。

拥抱世界、拥抱未来、走向复兴，构建中国人的世界观、人生观、价值观、方法论，这是中国人的视野、情怀，也是中国哲学家的愿望！

李铁映

二〇一八年八月

关于外国哲学

——"外国哲学典籍卷"弁言

李铁映

有人类，有人类的活动，就有文化，就有思维，就有哲学。哲学是人类文明的精华。文化是人的实践的精神形态。

人类初蒙，问天究地，思来想去，就是萌味之初的哲学思考。

文明之初，如埃及法老的文化；两河流域的西亚文明；印度的吠陀时代，都有哲学的意蕴。

欧洲古希腊古罗马文明等，拉丁美洲的印第安文明，玛雅文化，都是哲学的初萌。

文化即一般存在，而哲学是文化的灵魂。文化是哲学的基础，社会存在。文化不等同于哲学，但没有文化的哲学，是空中楼阁。哲学产生于人类的生产、生活，概言之，即产生于人类的实践。是人类对自然、社会、人身体、人的精神的认识。

但历史的悲剧，发生在许多文明的消失。文化的灭绝是人类最大的痛疚。

只有自己的经验，才是最真实的。只有自己的道路才是最好的路。自己的路，是自己走出来的。世界各个民族在自己的历史上，也在不断的探索自己的路，形成自己生存、发展的哲学。

知行是合一的。知来自于行，哲学打开了人的天聪，睁开了眼睛。

欧洲哲学，作为学术对人类的发展曾作出过大贡献，启迪了人们的思想。特别是在自然科学、经济学、医学、文化等方面的哲学，达到了当时人类认识的高峰。欧洲哲学是欧洲历史的产物，是欧洲人对物质、精神的探究。欧洲哲学也吸收了世界各民族的思想。它对哲学的研究，对世界的影响，特别是在思维观念、语意思维的层面，构成了新认知。

历史上，有许多智者，研究世界、自然和人本身。人类社会产生许多观念，解读世界，解释人的认识和思维，形成了一些哲学的流派。这些思想对人类思维和文化的发展，有重大作用，是人类进步的力量。但不能把哲学仅看成是一些学者的论说。哲学最根本的智慧来源于人类的实践，来源于人类的生产和生活。任何学说的真价值都是由人的实践为判据的。

哲学研究的是物质和精神，存在和思维，宇宙和人世间的诸多问题。可以说一切涉及人类、人本身和自然的深邃的问题，都是哲学的对象。哲学是人的思维，是为人服务的。

资本主义社会，就是资本控制的社会。资本主义社会的文化、哲学，有着浓厚的铜臭。

有什么样的人类社会，就会有什么样的哲学，不足为怪。应深思“为什么？”“为什么的为什么？”这就是哲学之问，是哲学发展的自然律。哲学尚回答不了的问题，正是哲学发展之时。

哲学研究人类社会，当然有意识形态性质。哲学产生于一定社会，当然要为它服务。人类的历史，长期是阶级斗争的历史，而哲学作为上层建筑，是意识形态。阶级斗争的意识，深刻影响着意识形态，哲学也如此。为了殖民、压迫、剥削……社会的资本化，文化也随之资本化。许多人性的、精神扭曲的东西通过文化也资本化。如色情业、毒品业、枪支业、黑社会、政治献金，各种资本的社会形态成了资本社会的基石。这些社会、人性的变态，逐渐社会化、合法化，使人性变得都扭曲、丑恶。社会资本化、文化资本化、人性的资本化，精神、哲学成了资本的外衣。真的、美的、好的何在?！令人战栗!!

哲学的光芒也腐败了，失其真！资本的洪水冲刷之后的大地苍茫……

人类社会不是一片净土，是有污浊渣滓的，一切发展、进步都要排放自身不需要的垃圾，社会发展也如此。进步和发展是要逐步剔除这些污泥浊水。但资本揭开了魔窟，打开了潘多拉魔盒，呜呜！这些哲学也必然带有其诈骗、愚昧人民之魔术。

外国哲学正是这些国家、民族对自己的存在、未来的思考，是他们自己的生产、生活的实践的意识。

哲学不是天条，不是绝对的化身。没有人，没有人的实践，哪来人的哲学？归根结底，哲学是人类社会的产物。

哲学的功能在于解放人的思想，哲学能够使人从桎梏中解放出来，找到自己的自信的生存之道。

欧洲哲学的特点，是欧洲历史文化的结节，它的一个特点，是与神学粘联在一起，与宗教有着深厚的渊源。它的另一个特点是私有制、个人主义。使人际之间关系冷漠，资本主义的殖民主义，对世界的奴役、暴力、战争，和这种哲学密切相关。

马克思恩格斯突破了欧洲资本主义哲学，突破了欧洲哲学的神学框架，批判了欧洲哲学的私有制个人主义体系，举起了历史唯物主义，唯物辩证法的大旗，解放了全人类的头脑。人类从此知道了自己的历史，看到了未来光明。社会主义兴起，殖民主义解体，被压迫人民的解放斗争，正是马哲的力量。没有马哲对西方哲学的批判，就没有今天的世界。

二十一世纪将是哲学大发展的世纪，是人类解放的世纪，是人类走向新的辉煌的世纪。不仅是霸权主义的崩塌，更是资本主义的存亡之际，人类共同体的哲学必将兴起。

哲学解放了人类，人类必将创造辉煌的新时代，创造新时代的哲学。英特纳雄耐尔就一定会实现，这就是哲学的力量。未来属于人民，人民万岁！

人类知识原理

目　　录

献给盘卜卢伯爵托玛斯

（Thomas，Earl of Pembroke）

（勋一等爵士兼枢密院顾问）

阁下：

您或者会奇怪，我这样一个微贱的人，既未曾进接光容，何以擅敢冒昧向阁下有所陈述。但是一个人只要稍一明了教会和学术的现状，并且知道阁下在这两方面都是一个明星，一座柱石，他就不会奇怪我何以在写了一些为世人提倡有用知识和宗教的东西以后，竟然要选阁下为我的赞助者了。但是，如果您不是那样光风霁月，春风化雨，光明磊落，使人顽廉懦立，我仍不会把我这个可怜的成绩献给阁下。不过，阁下，我还可以说，您既然肯给我们的学会以特殊的恩典，则我正可以希望，您或者不见得不愿意奖掖其会员一分子的研究。我因为有这些想法，所以要把这部论文献在阁下的脚下。而我之所以如此，尤其是为的要擅想使您明白，我是一心钦崇举世所仰慕于阁下的博学和令德的。阁下，您的最谦恭、最诚敬的仆人。

乔治·贝克莱

序

我这里所发表的理论是我在仔细考虑了好久以后所认为显然真实的，而且人在知道了它以后，也不是没有用的；人们如果沾染了怀疑主义，如果需要证明上帝的存在和非物质性，如果需要证明灵魂的自然不灭性，则我这个理论对他们更是有用的。事实究竟是否如此，那就让读者公平地考察好了。因为我觉得，只要我的作品符合于真理，那就算是成功，此外我就不关心了。不过为使真理不受蒙蔽起见，我可以请读者暂时不作判断，至少先要以这个题目所似乎必需的注意和思想来把全书读一遍。因为读者如果断章取义，固然会引起极大的误解来(这是无可挽回的)，而且会以极荒谬的结论相责难(在通篇读完以后，就不必如此)，可是人们在通读全书时如果只是粗心大意，则我的意思仍是会被人误解的。不过在深思的读者看来，我敢自信地说，它是完全明白而浅显的。至于下述某些概念虽然具有新奇的特点，我想我不必为此向读者乞恕。一个人如果只是因为一种本可证明的真理是新发现的，是与人类的偏见相反的，就把它抛弃了，那就太无判断力了，太不明白科学了。我所以预先提到这一点，就是为了尽可能地防止有一类人的鲁莽责难，因为他们在还没有了解一种意见之前，就要把它加以鄙弃。

绪　论

1. 哲学之为物，既然只是**研究智慧和真理**的，因此，我们正可以期望，人们如果在哲学方面曾经花费过很多的时间和辛苦，则他们比起别人来，心理应该更为安详沉静，知识应该更为明白确凿，而且他们也应该少受怀疑和困难的干扰。可是我们反而见到，大部分目不识丁的人，虽走着平凡的常识大道，受着自然规律的支配，而他们大部分依然是很安然、很自在的。在他们看来，凡**习见的**东西都不是不可解释的，都不是难以理解的。他们并不抱怨自己感官的暧昧不明，并且也完全没有变为**怀疑主义者**的危险。但是我们只要稍一离开感官和本能，依着较高原则的标准，来推论、来思维、来反省事物的本性，则我们对以前似乎完全了解的那些事情，到现在就会发生千百种疑问了。感官的错误和偏见可以到处呈示于我们眼前，我们如果要努力以理性来改正这些，则我们会不知不觉陷于离奇的悖论、难关和矛盾中，而且我们愈往前思辨，则这些悖论、难关和矛盾又会逐步增多、逐步加大起来。结果闹了半天，我们虽经过许多纡曲的迷途，最后我们会看到自己仍回到旧日的立场，或者更坏的是陷在绝望的怀疑主义中。

2. 人们以为造成这种情形的原因(1)是在于事物本身的暧昧

不明,或我们知性的天然脆弱和缺陷。人们说,我们所有的精神能力是有限制的,而且"自然"原来只打算以它们来维持生活,享受生活,并不是要以它们来研究事物的内在本质和结构。此外,人们还说,(2)心灵是有限的,因此,它在处理无限性的事物时,如果陷于荒谬和矛盾,我们正不必惊异。无限的事物本性就是不可为有限的事物所了解的,因此,人的心灵就永远不会摆脱那些荒谬和矛盾。

3. 但是我们也许因为太偏爱自己,才把过错推于自己的精神能力,而不说那是因为我们错用了它们。我们很难想象,由真正原则所得的正当推论会陷于自相矛盾的结论中。我们应当相信,上帝待人类是较为仁慈的,他并不能只给人们以企图获得知识的强烈欲望,却使他们永远得不到那种知识。如果不是这样,那就和上帝一向惯用的优容方法不相符合了;因为他不论赋予各种生物以什么欲念,他总要常常供给它们以一些方法,使它们在正确应用了这些方法以后,一定会得到满意的结果。总而言之,我觉得,哲学家一向用以自娱的那些难题,一向阻碍知识之路的那些难题,大部分(纵非全部)都是源于我们自己的。我们多半是先扬起尘土来,才抱怨自己看不见!

4. 因此,我的目的就是在于试试自己能否发现出,有什么原则可以在各派哲学中发生那么多疑惑和恍惚、荒谬和矛盾,使最聪明的人也以为我们的无知是不可救药的,也以为它是由于我们精神能力的天然暗钝和限制而起的。诚然,我们如果要严格地来考究人类知识的第一原则,并且在各方面来研究、来考察它们,那是很值得我们费心的一种工作。尤其是因为我们有几分根据可以猜想，心灵在追求真理时搅扰它、妨碍它的那些困难，并不是起于对象的暧昧和混乱，也不是起于知性的自然缺陷，乃多半是由它所坚持的那些虚妄原则而起的，可是那些虚妄原则原是可以避免的。

5. 这种企图似乎很困难，很令人气馁，因为我知道许多聪明杰出的人在我以前已经有过这种计划了。虽然如此，可是我并非没有一线希望，因为我想到，看得最远的眼界并不总是最明白的，而且近视的人虽然不得不把对象移近一些，可是他在精密地、仔细地观察之后，或者会看到眼力很强的人所看不见的东西。

6. 各门知识中错误的主要来源：为使读者的心灵易于接受下边的理论起见，我们不妨先说一说言语的本性和误用，以此来作个引子。不过要证明这一点，正有几分使我把自己的方案过早地就提出来，因为我们如果想证明这一点，就不得不注意到我们的思辨所以复杂、所以迷惑的主要原因，就不得不注意到在几乎一切知识部门中引起无数困难和错误的原因。这种原因就在于人们以为心灵有形成抽象观念和事物概念的能力。人只要不是不完全熟悉各哲学家的著述和辩论，那他一定会承认，他们不少的时间都是费在抽象观念方面的。不但如此，而且人们还特别认为这些观念和概念就是所谓逻辑和哲学等科学的对象；而且也就是人们所谓最抽象最崇高的那些学问的对象。在这些学科中，几乎难以看到，人在研究任何问题时，其研究方式不是先假设这些观念是在人心中存在的，而且人心灵是很熟习它们的。

7. 抽象作用的本来意义：从各个方面来看，人人都承认，各种事物的性质或样式，并不真能各自独立存在，与别的一切都绝了缘；它们实际上是相互混杂在同一个对象以内的。不过人们又说，心灵可以单独地考察各种性质，可以把一种性质同其常相联合在一块儿的别的性质分开，因此，它就可以借此构成抽象观念。就如视觉见了一个有广延、有颜色而能运动的对象时，心灵就可以把这个混杂的、复合的观念分化成单纯的、组成的各部分，并且单独地各各思考它们（与其他性质绝缘），来构成广延、颜色和运动三者的抽象观念。这并不是说，颜色或运动可以离开广延而存在，乃是说心灵可以借抽象作用给自己构成离开广延的颜色观念，和离开颜色与广延的运动观念。

8. 概括作用（generalizing）：心灵又看到在感官所感知的各个特殊的广延中，一面有共同的、相似的东西，一面又有一些特殊的东西（如这样或那样的形象或体积）来分别它们；因此，它又单独思考拣出所谓共同的东西，把它作成最抽象的广延观念，而且这个观念既不是线，也不是面，也不是体，也没有形象，也没有体积，它只是与这些都完全地绝了缘的一个观念。同样，心灵在感官所感知到的各种特殊颜色方面，也可以略掉其能区别彼此的特殊成分，而只保留其共同的成分，借以构成一个抽象的颜色观念，而这个观念既非红，亦非蓝，亦非白，亦非任何其他固定的颜色。同样，心灵也可以离开被运动的物体，离开运动的形象，离开一切特殊的方向和速度，来单独思考运动，借以构成所谓抽象的运动观念；这个观念是可以和感官所感知到的一切特殊的运动互相符合的。

9. 组合作用（compounding）：心灵不但构成抽象的性质观念和样式观念，而且它可以借同样的分离作用，得到较复杂的事物的抽象观念，那些观念中是含有几种共存的性质的。例如心灵看见彼得、詹姆士和约翰互相类似，而且他们的形象和其他性质也有相符的地方，因此，它也可以把彼得、詹姆士和其他任何个别人的复杂的或组合观念中的特点除去，专保留其共同的成分。这样，它就构成一个抽象观念，把一切个别的人也包括在内，而把凡能决定那个观念成为特殊事物的那些情节和差异完全除去。在这个过程以后，据说我们就得到所谓抽象的“人”的观念，或者，如果你愿意的话，甚至于可以说是“人类本性”观念或“人性”观念。在这个观念中，诚然也包含着颜色，因为没有人没有颜色；不过这个颜色却不是白的，不是黑的，也不是任何特殊颜色，因为一切人类并没有一种共同的颜色。在这个观念中，也不能没有身材，不过它也不是高的，也不是矮的，也不是中等身材，它是离开这些身材的。说到其余的性质，也是一样。此外，还有许多别的生物亦含有复杂的人的观念中的一些部分，因此，心灵又可以略掉人类特有的那些部分，只留下一切动物所共有的那些部分，因而构成了所谓“动物”的观念。这个观念不但脱离了一切特殊的个人，而且也脱离了一切鸟、兽、虫、鱼。抽象的“动物”观念中所含的构成部分，那就是身体、生命、感觉和自发的运动。在这里，所谓身体是没有特殊的体形和形象的，因为并没有任何特殊的体形和形象是一切动物所共有的；它并没有羽，没有毛，没有鳞等等的覆盖，也并不是赤身的，所谓羽、毛、鳞、赤身等等都是使特殊动物互有分别的一些性质，因此，我们必须把它们排除于那个抽象观念以外。根据同样理由，那种自发的运动，也不是走，也不是飞，也不是爬；它虽是一种运动，可是它究竟是何种运动，却不是我们所容易想象的。

10. 反驳抽象观念的存在的两个理由：别人是否有这种奇特的能力来抽象自己的观念，那只有他们自己知道。说到我自己，我确乎有能力来想象或表象我所感知到的那些特殊事物的观念，并且用各种方式来分合它们。我可以想象一个人有两个头，或是人的上部和马的躯干联合在一块儿。我可以离开身体的别的部分单独思考手、眼和鼻。但是不论我所想象的手或眼是什么样的，它一定不能没有一种特殊的形象和颜色。同样，我给自己所形成的人的观念，不是白的，就是黑的，要不就是黄褐色的；它不是屈的，就是直的，不是高的，就是矮的，或者就是中等身材。我的思想无论如何用力，也不能设想上述的抽象观念。离开运动着的物体，我也一样不能构成一个非快、非慢、非曲线、非直线的抽象运动观念。至于其他任何抽象的普遍观念，也都可以如此说。坦白地说，我承认我自己可以在一种意义下实行抽象；就如各种特殊的部分或性质虽然联合在一个物体中，而又可以各自真正独立存在时，我就可以抽出其中的一个特殊的部分或性质来单独思考。但是各种性质如果不能单独存在，则我便不能把它们分别开来加以设想。此外，我也并不能照上述的方式离开特殊的事物来构成一个普遍的观念（后边这两种还正是抽象作用的本来意义）。我有理由相信大多数人都会承认和我有同感。一般单纯而不学无术的人们，绝不会自夸有抽象的概念。人们说，它们是不易构成的，不费辛苦琢磨，我们并不能获得它们。因此，我们就可以合理地断言，如果真是这样，那就只限于有学问的人才能获得它们了。

11. 现在我可以进而考察，人们有什么理由可以辩护抽象作用的学说，并且试试自己能否发现出，有什么原因可以使爱玄想的人接受那样似乎与常识远隔的一种意见。有一位值得崇拜的已故哲学家很赞成这个学说，他似乎以为人和兽类的知性所以有极大的差异，正是因为人有这种抽象的普遍的观念，兽类没有。他说，"人和兽所以全不相同，只是因为人有普遍的观念，这种优点是兽类的官能所万不能企及的。因为我们看不到有任何痕迹，借以推知它们能应用普遍的标志来表示共象的观念。由此我们就有理由想象，它们并没有抽象的能力，或构成普遍观念的能力，因为它们并不应用文字或任何其他普遍的标志。"稍后一点，他又说，"因此，我想，兽类之有别于人类正是在于这一点，而且他们所以完全隔离，极其悬殊，也正是由于这种根本的差异。因为它们如果有任何观念，而不只是一架机器(如有些人所想的)，则我们便不能不承认它们也有理性。在我看来，在一些情形下，它们确是能推理，正如它们之确是有感觉一样，不过它们的推理只限于感官所接受的那些特殊的观念。它们顶多也只限于那些狭窄的范围。它们并没有能力来通过任何抽象作用扩大那些范围。"(《人类理解论》第 2 卷，第 11 章，第 10—11 节)我很同意这位有学问的作者的意见。我知道，兽类的能力无论如何不能达到抽象作用。但是我们如果以为这是区别那一类动物的全部特性，则我恐怕大多数所谓人都要归入兽类去了。他这里所以说，我们没有根据来想象兽类有抽象的普遍观念，其所举的理由只是我们看不到它们应用文字或任何其他普遍的标记。他所以如此主张，只是因为他假设：应用文字，就表示具有普遍的观念。由此，我们就可以说，运用语言的人类就能抽象、能构成他们的观念。这分明是这个作者的意思和主旨，因为我们还可以根据他对于别的问题的解答，来证实这一点。“一切存在的事物既然都是特殊的，那么它们如何能得到一般的名词呢？”他的答复是：“文字之能成为普遍的，只是因为它们是普遍观念的标记。”（《人类理解论》，第3卷，第3章，第6节）不过我是不能同意这点的，因为我以为文字之所以成为普遍的，并不是因为它被用为抽象的普遍观念的标记，乃是因为它被用为许多同类特殊观念的标记，因为这些特殊观念中任何一个都可以向心灵同样地提示这个标记。就如说：“运动的改变与所受的压力成比例”，又如说：“凡有广延的都可以分割”，这些命题虽然可应用于一般的运动和广延，可是我们并不能因此就说，它们所提示于我思想中的运动是没有运动的物体的，是没有任何确定方向和速度的。我们也一样不能因此说，我们可以设想到一个既非线又非面又非体，既非大又非小，既非黑又非白，亦非红亦非任何其他固定的颜色的抽象的一般的广延观念。这里的含义只不过说，我所思考的任何运动不论是快是慢，是纵是横是斜，是在任何对象中，而有关它的那个公理一样是真的。关于广延的那个公理，在任何特殊的广延方面也都是真的，倒不论那个特殊的广延是线、是面、是体，是这样或那样的形象，是这样或那样的体积。

12. 普遍观念的存在是可以承认的：我们如果观察到各种观念如何能成为一般的，我们也就更容易判断各种文字是如何成为一般的。在这里，人们应当知道，我并不绝对否认有普遍的观念，我只是否认有抽象的普遍的观念。而我所以有这点警告，乃是因为在上述各段中，凡提到普遍观念时，人们往往以为它们是借抽象作用所形成的（如第八和第九两段所说的那样）。但是我们运用的语词如果有其意义，而且我们所说的也只限于我们所能想象的，那么我相信，我们将会承认本身原被认为个别的一个观念，所以能成为普遍的，只是因为我们用它来表示同类的一切其他个别的观念。为了使这一点明白起见，我们可举一个例子加以说明。假如一个几何学家来证明分一线为两等段的方法，而且他画了一条一英寸长的黑线，则这条线本身虽是一条个别的线，可是它的含义是普遍的，因为人在那里所以用它，正是表示一切个别的线的。因此，在这条线方面所做的证明，也就是一切线方面的证明，换言之，也就是一条概括的线方面的证明。那条个别的线之变为普遍的，就是因为它变为一个标记，因此，"线"这一名称在其本身虽是个别的，可是它既成了一个标记，那它就成了普遍的。线之成为普遍的，既然不是因为它是抽象的或普遍的观念的标记，而是因为它是一切能存在的个别直线的标记，因此，"线"这一名称所以能成为普遍的，也一定是由于同一的原因，也一定是由于它能无分别地标记各种个别的线。

13. 按洛克说，抽象的、普遍的观念是必需的：为使读者较明白地看到抽象观念的本性，和人所想象的它们对人所有的必需的功用，我可以从《人类理解论》中再选一段于下。"抽象观念之于儿童或未经训练的心灵，并不如特殊观念那样明白而易于了解。成人所以觉得它们易于理解，那只是因为它们经常习用的缘故。因为我们如果仔细一思考它们，我们就会看到，普遍的观念只是心灵的虚构和设计，而且它们是带有困难的，并不那样容易理解，一如我们所常想的那样。例如,要构成一个普遍的三角形观念(这个观念还不是最抽象、最含蓄、最困难的),不是要费一些辛苦和技巧么?因为它既非钝角的,也非直角的,也非等边的,也非等腰的,也非不等边的,它同时是既是既不是的。实在说来,它是不能存在的一种不完全的东西,在这个观念中,各种差异而互相矛盾的观念的各部分都是混杂在一块儿的。真的,心灵在这种不完全状态下,是需要那些观念的,而且是极其匆匆地应用它们的。而它所以如此,一则是为的便利传达知识,一则是为的扩大知识,因为这两种作用正是它的天然倾向所在。但是人们正有理由来猜想,这些观念只是缺陷的标记。至少这也足以启示我们,最抽象最普遍的观念并不是心灵起始所容易认识的,也不是它的最初的知识所精通的。"(第4卷,第7章,第9节)任何人只要有能力来在自己心灵中构成上述的那样一个三角形观念,则我如果想以空话来使他抛弃那个观念,那是白费力的,而且我也根本就不作此想。我所希望的,只是读者自己来充分地、明确地体会,自己是否有那个观念。我想这种事情对任何人都不能成为难以胜任的任务。一个人不是最容易来观察自己的思想,看看自己有没有(或能不能有)与上述普遍的三角形观念相符的一种观念么?他不是最容易知道自己有没有"非钝角,非直角,非等边,非等腰,非不等边,而同时是既是而又既非的"一个三角形观念么?

14. 不过它们并不是传达思想时所必需的:在这里,我们已经一再提到抽象观念所含的困难,与构成它们时所必需的辛苦和技巧了。人人都承认,心灵必须费很大的劳苦才能使自己的思想脱离特殊的事物,才能使自己的思想达到有关抽象观念的那些崇高的思辨。由这些说法看来，自然的结论似乎应该是说，抽象观念的构成既然是很难的，所以它不是传达思想所必需的，因为传达思想是人人所易于做到的一件事情。但是人们又说，在成人看来，那些观念之所以似乎是显而易见的，那只是因为人们常常应用它们。不过我愿意知道，什么时候，人们才克服了这种困难，才供给自己以谈话所必需的助力。我想，那一定不是在他们成人以后，因为人们并不曾意识到费过这番辛苦。因此，这件工作就只有是在儿童时完成的。不过在这样幼小的年纪，抽象观念的构成，委实是困苦繁难的一种工作，是远非他们所能胜任的任务。两个儿童并非先把无数的矛盾紧缚在一块儿，在心灵中构成了抽象的普遍观念并且把它们和普通所用的名称联合起来，然后才能喋喋不休地谈说自己的糖果、响鼓和其他玩物；这种程序远非我们所能想象的。

15. 它们也并不足以扩大知识：这些观念不但不是传达知识所必需的，而且我想，对于扩大知识，它们也是丝毫没有用处的。人人都坚持，一切知识和证明都只能是有关普遍的概念的，这一点我是完全同意的。不过我仍然看不到，这些概念是由上述的那种抽象概念所构成的。据我所能了解的而言，所谓普遍性并不在于任何事物的绝对的、积极的本性（或概念），只在于它和它所表象的那许多个别事物所有的关系。通过这种途径，本性原为个别的各种事物、名称或概念，就被变成了普遍的。就如我在证明关于三角形的任何命题时，人虽然假定我着眼于一个普遍的三角形观念；可是这并不能理解成我能构成一个既非等边，又非不等边，又非等腰的三角形观念。我们只可以说，我所考察的那个特殊三角形，不论种类如何，都一样可以代表一切直线三角形，而且在那种意义下，它才可以说是普遍的。这些说法似乎是很明显的，并没有含着任何困难。

16. 反驳——回答：不过在这里，人们或者会问："我们如果不能先看到一个命题在一个与一切特殊三角形符合的抽象的三角形观念方面证明正确，则我们如何能知道那个命题可以适用于一切特殊的三角形呢？因为我们纵然证明了某种特性和某个特殊三角形相符合，可是我们并不能由此断言，那种特性可以同样地属于任何其他完全不同的三角形。就如我虽然证明了一个直角等边三角形的三角等于两直角，可是我们并不能由此断言，这种性质能符合于所有其他非直角、非等边的三角形。因此，我们似乎可以说，要想确知这个命题是普遍真实的，那我们就必须在每一个特殊三角形方面做一个特殊的证明，但是这是不可能的，因此我们就只有一劳永逸地证明这个命题在一个抽象的三角形观念方面是真的，因为一切特殊的三角形观念都可以同样地具有抽象观念的性质，并且一律可以为它所表象。"不过我可以答复说，在我们证明时，我所着眼的观念虽然是一个直角等边三角形，而且它的各边都有确定的长度，可是我仍然可以确知，这个证明可以适用于任何大小、任何种类的三角形。因为在那个证明中，我们完全不计及直角、等边和边长。自然，在我们所见的那个图解中诚然包含着这些特殊的情节，但是我们在证明这个命题时，丝毫没有提到它们。我们所以说，三角等于两直角，并非因为其中有一角是直角，也并非因为夹成三角形的各边都是一样长的。这就分明指示出，直角也可以换成钝角，等边亦可以换成不等边，而且在变换以后,证明仍是一样真实的。因为这个缘故,我们才断言,在一个特殊的直角等边三角形方面所证明为真的,在任何钝角的或不等边的三角方面也一样是真的;并不是因为我曾经在抽象的三角形观念方面证明过那个命题是真的。在这里,我们还必须承认,一个人可以只思考一个形象的三角模样,而忽略其各角的特殊性质,或各边的关系。只有在这种范围内,他可以从事抽象;但是这并不能证明,他能构成一个抽象的、一般的、矛盾的三角形观念。同样,我们也可以把彼得的其余性质忽略过去,只把他看成是一个人、一个动物,而并不必要构成上述的抽象的人的观念或动物的观念。

17. 考察抽象的、普遍的观念学说,是有利益的:抽象概念和本质属性的学说,似乎使善于抽象的大师们(经院学者们)陷于重复缭绕的错误和争论的迷宫中,因此,我们如果跟着他们经历这些迷途,那是没有完的,而且也是没有用的。他们有过什么样的口角和争论,在哪些事情方面有过什么样的乌烟瘴气的渊博空谈,并且由此对于人类贡献出什么伟大的利益来,时至今日,人人也就共见共喻,无须我们来费口舌了。不但如此,那种学说的恶劣结果如果只限于肯定提倡这个学说的人们,那还是好的(可是事实并不如此)。人们一考察科学界的状况,就都会陷于失望,完全鄙视一切学问。因为多少年来人们虽然费了许多辛苦、劳力、天才来培植科学,促进科学,可是大部分科学仍是充满了黑暗和疑云,并且争论不休,甚至于那些好像明白地证明出来的争辩,也含着完全与人类知性不相容的一些怪论。不但如此,总的看来其中只有一小部分因为还能供人玩乐、供人游戏开心,才能给人一点真正的利益。不过他们这种失望也许是会消除的，因为他们会看到，这种情形之所以发生，只是因为许多虚伪的原理已经通行于世；而且最能影响思辨者的思想的，还莫过于这个抽象的普遍的观念的原理。

18. 现在我可以进而考察这个通行概念的根源：在我看来，这个根源正在于语言。实际上，比理性的范围小，而且同时又可以为众所公认的莫过于语言了。这种真理我们可以在许多方面看到，而且也可以由主张抽象观念最力的人的自白看到。他承认，抽象观念之形成正是为命名的，由此，我们就可以明白断言，世上如果没有语言或普遍的符号，则人们万不会想到抽象（《人类理解论》，第 3 卷，第 4 章，第 39 节）。现在我们可以考察，语言文字究竟是由何种方式产生这种错误的。第一点，人们以为每一个名称都有而且也应有一个唯一的确定的意义，于是也就认为，一定有一些抽象的、确定的观念，来构成每个普遍观念的真实的、唯一的直接意义。他们还以为，有这些抽象观念做媒介，一个普遍的名称才能指示任何特殊的事物。不过，事实上并没有附加在任何普遍的名称上的一个精确有定的意义，普遍的名称只不过是无分别地指示许多特殊的观念罢了。这一点由上述就可以清楚地看到，而且人们在稍一思索之后，也可一目了然。人们或者又反对说，每一个名称都有一个定义，因此，它就限于一个确定的意义。就如我们给三角形下个定义，说它是三条直线所围成的一个平面，则三角形一名便受了限制，即只能指示一个确定的观念，而不指示其他的观念。不过我可以答复说，在这个定义中，并没有说那个平面是大是小，是黑是白，边是长是短，是等是不等，也没有说各边彼此构成怎样的角度。在这些方面,都可以有极大的差别,因此,并无一个确定的观念来限制三角形一词的含义。要使一个名称一贯地符合于同一个定义,那是一回事,要使它在任何地方都可以代表同一个观念,那又是一回事。前者是必需的,后者是无用的、不可能的。

19. 第二点,为了进一步说明文字如何能产生抽象观念的学说,则我们还应当说,人们有一种公认的意见:他们都以为语言的目的不在别的,只在传达我们的思想,而且他们以为每一个有意义的名称总表示着一个观念。他们既然如此相信,而且他们同时又知道,赋有意义的名称,也并不总是标记出"特殊的"、可想象的观念来,因此,他们就直接断言,那些名称是表示着抽象的概念。自然,人人都不会否认从事思考的人们所用的许多名称,并不常向他人提示出确定的、特殊的观念来。而且我们稍一注意,就可以发现,即在最严格的论证中,代表观念的有意义的名称,也并不一定在每一次应用时,都要在理解中激起它们原来所表示的观念。在读书和谈论中,各种名称大部分就如代数中所用的字母似的,在这里,每个字母虽标记着一个特殊的数量,不过即在正确推论中每一个字母也并不必在每一步中,都要在你的思想中提示出原来所表示的观念。

20. 语言的一些目的:此外,我们还可以说,(1)语言的唯一的主要的目的还不只在以文字来传达思想,如一般人所想象的那样。此外它还有别的一些目的;(2)它还可以引起人的情感,刺激起人的行动;(3)还可以阻止人的行动;(4)还可以使人心发生某种特殊的倾向。前一种目的,往往是从属于后三种目的的,而且后三种目的如果不经观念的传达就可以达到,则观念的传达根本不需要。在常用的语言中,这种情形并不罕见。我这里可请读者自己回想回想,看看自己在听或读一篇论文时,惧、爱、憎、羡、鄙视等等情感,是否在自己感知到某些文字后,不经观念为媒介就可以直接产生?诚然,在一起初,文字原可先引起一些相当的观念,然后才可以产生出那些情绪来;不过那些情感原来虽然经过观念的媒介才能产生,可是在语言惯熟之后,则我们一听字音,一见字形,就可以立刻生起那些情感来,无须乎观念的媒介。例如人们允许给我们一件好东西以后,我们虽不能获得那东西是什么样的那种观念,我们也一样可以受感动。我们只要一听说有危险,那我们虽然想不到有什么特殊的祸患来临,虽然不给自己构成一个抽象的危险观念,也一样会产生恐惧心理来。任何人只要对我上述一切稍加思索,则我相信他一定会明白看到,就恰当语言而论,人们在应用一般名称时,并不曾有意用他们来标记自己的观念,借以在听者心中引起那些观念。就是那些专有名称,我们在应用它们时,也并不一定想用它们来在自己心中产生它们所当标记的那些个体的观念。就如一个经院学者说:“亚里士多德曾如此说”,则他的意思就在于使我恭敬地、顺从地来接受他的意见,一如常人对那个大名所有的恭敬和顺从似的。人们的判断只要常常依从那个哲学家的权威,则这种结果可以立刻在他们心中产生,而且在这之前,他们完全没有这位哲学家的人格、著作或名誉的观念。在亚里士多德这一名字和某些人的心灵中赞同和恭敬的动作之间,习惯可以建立起那样密切而直接的一种联系来。同样的例子,我还可以举出好多;不过这一点既是各人的经验所充分提示于自己的,那么我又何必再多说呢?

21. 在应用语言时,我们必须谨慎:我们已经说明(1)抽象观念是不可能的。我们已经考察过,(2)主张此说最力的人们关于它们所说的话;并且已经详为说明,人们虽然认定它们为达到某种目的时必要的工具,可是它们并没有那些功用;(3)最后我们找寻出它们所从出的根源,于是我们知道,语言实在是致误的渊源。我们承认文字是有妙用的,因为在古今各国一切好研究的人们的共同劳动所求得的全部知识,可以借它们为一个人所知晓、所占有。不过同时我们必须承认,知识虽是由文字语言所传授的,可是大部分知识却被文字的滥用和寻常的说法所淆乱、所蒙蔽了。因而我们几乎可以问,语言对于科学还是阻碍作用居多,还是促进作用居多?文字既然易于欺骗理解,因此,在我的研究中我决心尽量少用它们,我不论考察任何观念,都要努力来观察赤裸裸的观念,而且要努力把因经常使用而与它们常相关联的那些名称摆脱于我的思想以外。我如果可以做到这一点,则我可以得到下述的好处。

22. 第一,我这样就可以把纯粹语言的一些争论廓清了;在几乎一切科学中,这种莠草的生起,是真正知识生长的主要障碍。第二,我如果要想自拔于抽象观念的精细微妙的网子以外,则上边所说的途径似乎是一条妥当的途径。这个网子已经使心灵迷惑纠缠得很可怜,而特别是任何人的智慧愈是精细巧妙,则他愈陷得深愈缚得紧。第三,我如果使自己的思想限于脱除了文字的赤裸裸的观念,则我便不易陷于错误。我所思考的各种对象,我是知道得明白而正确的。我如果没有一个观念,则我不会错想自己有一个观念。我自己的任何观念如果不是相似的或不相似的，则我便不能想象它们是相似的或不相似的。要想分辨我的观念是相符的或不相符的，要想看到某些观念是包含在一个复合观念中的，而某些不是，我们就只需注意观察自己理解的过程就是了。

23. 不过要想得到这些好处，应以完全脱离文字的欺骗为先决条件。这一点，我自己也是不敢自信能做到的。因为文字和观念的结合既然那样早就开始了，而且又被习惯长期确立，因此，我们如果想再把它们排除，是很困难的。而且这种困难似乎又因为抽象作用的学说而益加甚。因为人们既然以为各种文字附有抽象的观念，那就无怪乎他们用文字代表观念了；因为我们发现，抽象观念本身既然完全不可想象，我们就不可能把文字摆脱开，只在心灵中保留那些观念。我认为有些人竭力劝说别人在思维时，在设想自己的赤裸裸的观念时，完全不要用文字，而他们自己所以竟然会力不从心地失败了，其主要原因就在于此。近来，许多人已经感觉到由文字的误用而产生的那些荒谬的意见和无意义的争辩。为避免这种坏处起见，他们曾劝大家，只注意所表示的观念，而不要注意表示它们的那些文字。不过他们所给人的这种劝告虽然很好，但是他们如果以为(1)文字的唯一直接效用在于表示观念，并以为(2)每一个普遍名称的直接意义就是一个确定的、抽象的观念，则他们自身分明不注意这个劝告。

24. 但是人们如果知道这些都是错误，则他们便可以比较易于防范自己受文字的欺骗。一个人只要知道他自己所有的观念是特殊的，则他便不会徒劳无益来找寻、来设想任何名称所附的抽象观念。一个人只要知道，各种名称并不一定表示观念，则他便可以不再费力地在本无观念处找寻观念。因此，我们希望人人都要尽最大能力来清楚地观察自己所思考的观念，并且要把文字的外表和障碍脱除了，因为各种文字正足以阻碍人的判断，扰乱人的注意。我们虽然上察天象，下探地府，也是白费；虽然攻研学者的著述，追溯古人的冥迹，那也是白费的；只要把文字的屏障揭开，就能看到美丽的知识之树，才知道它的果实原来是甘美的，是可以为人伸手所攀摘的。

25. 我们如果不是留心使知识的基本原则免除了文字的障碍和欺骗，则我们虽然有无数的推论，也是白费的；虽然会层层推演，也不能稍为明智一点。我们愈往前走，愈会陷于不可挽救的地步，而且愈会掉在更深的困难和错误中。因此，不论任何人想读下边的议论，我请他只把我的文字当做他的思想的发端，并且在读时努力要求得我在写时所有的思想。借着这种方法，他便可以较容易地发现我的议论之为真为伪。这样，他就完全没有被我的文字所欺骗的危险，而且我也看不出他只思考自己的赤裸裸的未被文字歪曲和掩盖的观念，怎么就会陷于错误。

第　一　部

1. 人类知识的对象：人们只要稍一观察人类知识的对象，他们就会看到，这些对象就是观念，而且这些观念又不外三种。(1)一种是由实在印入感官的；(2)一种是心灵的各种情感和作用所产生的；(3)一种是在记忆和想象的帮助下形成的(这里想象可以分、合或只表象由上述途径所感知的那些观念)。借着视觉，我就有了各种光和色以及它们的各种程度、各种变化的观念。借着触觉我就感知到硬、软、热、冷、运动、阻力，以及这些情况的各种程度或数量。嗅觉给我以气味；味觉给我以滋味；听觉把调子不同、组织参差的各种声音，传到我的心灵中。心灵有时看到这些观念有几个是互相联合着的，因此，它就以一个名称来标记它们，认它们为一个东西。例如，它如果看见某种颜色、滋味、气味、形象和硬度常在一块儿，则它便会把这些性质当做一个独立的事物，而以**苹果**一名来表示它。别的一些观念的集合又可以构成一块石、一棵树、一本书和其他相似的可感觉的东西。这些东西，又按其为适意的或不适意的，刺激起爱、憎、喜、忧等感情来。

2. 心灵——精神——灵魂：除了那些无数的观念(或知识的对象)以外，还有别的一种东西在认识或感知它们，并且在它们方面施展各种能力，如意志、想象、记忆等。这个能感知的能动的主体,我们把它叫做心灵,精神或灵魂,或自我。这些名词并不表示我的任何观念,只表示完全和观念不同的另一种东西。这些观念是在那种东西中存在的,或者说,是为它所感知的;因为一个观念的存在,正在于其被感知。

3. 一般人的同意到了什么程度:人人都承认,我们的思想、情感和想象所构成的观念,并不能离开心灵而存在。而在我看来,感官所印入的各种感觉或观念,不论如何组合,如何混杂(就是说不论它们组成怎样一个对象),除了在感知它们的心灵以内就不能存在,这一点是同样明显的。我想,只要人一思考“存在”二字用于可感知事物时作何解释,他是可以凭直觉知道这一点的。我写字用的这张桌子所以存在,只是因为我看见它,摸着它;我在走出书室后,如果还说它存在过,我的意思就是说,我如果还在书室中,我原可以看见它;或者是说,有别的精神当下就真看见它。我所以说曾有香气,只是说我曾嗅过它,我所以说曾有声音,只是说我曾听过它,我所以说,曾有颜色,有形象,只是说我曾看见它或触着它。我这一类的说法,意义也就尽于此了。因为要说有不思想的事物,离开知觉而外,绝对存在着,那似乎是完全不可理解的。所谓它们的存在(esse)就是被感知(percepi),因而它们离开能感知它们的心灵或能思想的东西,便不能有任何存在。

4. 世俗之见含着一种矛盾:人们有一种特别流行的主张,以为房屋、山岳、河流,简言之,一切可感知的东西,都有一种自然的、实在的存在,那种存在是和被理解所感知的存在不同的。不过世人虽然极力信仰接受这个原则,可是任何人只要在心中一寻究这个原则,他就会看到,它原含着一个明显的矛盾。因为上述的对象只是我们借感官所感知的东西，而我们所感知的又只有我们的观念或感觉；既然如此，那么你要说这些观念之一，或其组合体，会离开感知而存在，那不是矛盾么？

5. 这个通行的错误是由何而起的：我们如果仔细思考这个论点，就会看到它归根究底是依靠于抽象观念的学说的。因为要把可感知的对象的存在与它们的被感知一事区分开，以为它们可以不被感知就能存在，那还能有比这更精细的一种抽象作用么？光和色，热和冷，广延和形象，简言之，我们所见和所触的一切东西，不都是一些感觉、概念、观念或感官所受的印象么？在思想中，我们能把它们和知觉分离开么？在我自己，这是不易做到的，就如我不易把事物和其自身分开一样。诚然，有些事物，我虽然不曾借感官知道它们是分离的，可是我也可以在思想中把它们彼此分开。例如，我可以把人的躯干和他的四肢分开；也可以离开玫瑰花而专想象出它的香味。在这种范围内我不否认，我能抽象（如果这可以叫做抽象作用）。不过在这里我们所设想为分离的各种事物只限于那些实际能分开存在的（或被感知为分开存在的）各种对象。但是我们的想象能力并不能超出实在存在（或感知）的可能性以外。我如果没有实在感觉到一种事物，我就不能看见它或触着它，因此，我们即在思想中也不能设想：任何可感知的事物可以离开我们对它所产生的感觉或感知。事实上，对象和感觉原是一种东西，因此是不能互相抽象而彼此分离的。

6. 有一些真理对于人心是最贴近、最明显的，人只要一张开自己的眼睛，就可以看到它们。我想下边这个重要的真理就是属于这一类的；就是说天上的星辰，地上的山川景物，宇宙中所含的一切物体，在人心灵以外都无独立的存在；它们的存在就在于其为人心灵所感知、所认识，因此它们如果不真为我所感知，不真存在于我的心中或其他被造精神的心中，则它们便完全不能存在，否则就是存在于一种永恒精神的心中。要说事物的任何部分离开精神有一种存在，那是完全不可理解的，那正是含着抽象作用的一切荒谬之点。读者如不相信，可以在思想中试试自己能否把可感知事物的存在和其被感知一事分离开。

7. 第二论证：由前边所说的看来，我们就可以说，除了精神或能感知的东西以外，再没有任何别的实体。不过为求较充分地证明这一点起见，我们还应当知道，一切可感知的性质都是颜色、形象、运动、气味、滋味等等，那就是说，它们都只是感官所感知的一些观念。既然如此，那么你要说，任何观念可以存在于不能思想的物体中，那就分明是矛盾了。因为具有一个观念与感知一个观念是完全同一件事。因此，颜色、形象和相似的性质，不论在任何东西中存在，那种东西一定会感知到它们；因此，显然那些观念并不能有不思想的实体或基质。

8. 不过，您或者会说，各种观念自身离了心灵虽然不能存在，但是也许有与它们相类似的东西，为它们所摹拟、所肖似，而那些东西是可以在心灵外，存在于一种不能思想的实体中的。不过我仍然可以答复说，一个观念只能和观念相似，并不能与别的任何东西相似。一种颜色或形象只能和别的颜色或形象相似，不能和别的任何东西相似。我们只要稍一考察自己的思想，就会看到，只有在我们各种观念之间，我们才能设想一种相似关系。其次，我还可以问，各种观念所摹拟所表象的那些假设的原本和外物，本身也是可感知的不是？如果它们是可感知的，则它们也是观念，这正符合我们的论断；如果你说它们不能被感知，那么我请问任何人，要说颜色和一种不可见的东西相似，软和硬可以和一种不可触的东西相似，那是否是合乎情理的呢？说到其他性质，也是一样。

9．哲学上的物质观念含着一个矛盾：有些人把各种性质分为第一性的和第二性的两种。所谓第一的性质是指广延、形象、运动、静止、凝固（或不可入性）和数目而言的。所谓第二的性质是指其他可感知的性质而言的，如颜色、声音、滋味等。我们对后一种性质所获得的观念，他们承认不是心灵外（不被感知的）事物的肖像。不过他们却以为心灵对第一性质所获得的观念是心灵外存在的事物的摹本和图像，而且他们以为那些事物是在所谓物质的一种不能思想的实体以内存在的。因此，所谓物质就是一种被动、无感觉的实体，而广延、形象、运动真是在其中存在的。不过由我们前边所说的看来，我们已经知道，所谓广延、形象、运动，也只是存在于心中的一些观念，而且一个观念也只能和一个观念相似，不能和别的任何东西相似，因此，不论观念自身或它们的原型，都不能存在于一种无感知作用的实体中。因此，我们就看到，所谓物质（或有形实体）的概念本身就含着一个矛盾。说到这里，我本想不必再费时间来揭露它的荒谬了。不过物质存在的学说已经在哲学家的心灵中如此根深蒂固，并引起那么多的坏结果来，所以我就不避繁冗，而将凡可以充分揭发那个偏见而加以根绝的任何事情，一概陈述，不加省略。

10．反诘论证：那些人虽然主张形象、运动和其他第一的或原始的性质,都离开心灵存于不能思想的实体中,不过他们同时却也承认,颜色、声音、热、冷以及相似的第二性性质,都不存在于心外。他们告诉我们说,这些都只是在心中存在的一些感觉,它们是依靠于物质中微细粒子的不同的大小、组织和运动的,而且是由它们所引起的。他们认为这是无疑的真理,而且以为这是可以无例外地证明出来的。不过那些原始的性质如果同那些别的可感知的性质不可分离,紧连在一块儿,而且即在思想中也不能分离,那它们分明只是在人心中存在的。不过我希望任何人都思考一下,试试自己是否可以借着思想的抽象作用,来设想一个物体的广延和运动,而不兼及其别的可感觉的性质?在我自己,我并没有能力来只构成一个有广延、有运动的物体观念。我在构成那个观念时,同时一定要给它一种颜色和其他可感知的性质,而这些性质又是被人承认为只在心中存在着的。一句话,所谓广延、形象和运动,离开一切别的可感知的性质,都是不可想象的。因此,这些别的性质是在什么地方存在的,则原始性质也一定是在什么地方存在的,就是说,它们只是在心中存在的,并不能在别的地方存在。

11. 第二次反诘论证:复次,所谓大、小、快、慢我们都公认为是在人心以外存在的,因为它们完全是相对的,是跟着感觉器官的组织或位置变化的。因此,存于心外的广延便不是大,也不是小,存于心外的运动,既不是快,也不是慢,它们是根本不能存在的。您一定又会说,它们是一般的广延和一般的运动。是的,这样就更可以见到,关于心外存在的有广延而能运动的实体的信条是怎样依靠于那种奇怪的抽象观念的学说了。这里,我还不得不说，现代哲学家被他自己的原则所陷，对于物质（或有形的实体）所作的这个暧昧不定的叙述，正近似那个陈腐过时、被人嘲笑的原始物质（materia prima）的概念，就如在亚里士多德和他的信徒方面所见到的那样。离了广延，凝聚是不能存在的；我们既然说过，广延不能存在于不能思想的实体中，因此，关于凝聚我们也可以有同样说法。

12. 我们纵然承认别的性质是在心外存在的，我们也会清楚地看到数完全是心灵的产物，只要我们思考到同一事物可以按照心灵观察它的方面不同，而有几种数的名称。因此，同一种广延，心灵如果把它参照于一码、一呎或一吋，则它可以成为一、三、六等数。数显然是相对的，是依靠于心灵的，因此，人们如果认为它在心外有一种绝对的存在，那就很可怪了。我们虽说，一部书，一页，一行，可是它们都一样是单位。尽管其中有些单位包含着许多其他单位。在每个例证中，我们都可以看到，所谓单位只是指着人心任意所归拢起来的一些观念的特殊集合体。

13. 我知道，有些人或者以为单一体是一个简单的，或者非复合的观念，它是伴随一切其他观念进入心灵的。不过我看不到自己有一个观念和单一体这个名字相对应。如果我有这个观念，那我不能找不到它。不但如此，而且它应该是我的理解所最熟悉的观念，因为您说，它是伴随一切其他观念而来的，而且是被一切感觉和思考所感知的。不用多说，它是一个抽象观念了。

14. 第三次反诘论证：我还可以补充说，现代哲学家既然由某种途径证明某些可感知的性质，并不存在于物质中，并不存在于心外，因此，我们也可以由同样途径，证明任何别的可感知性质也都是这样的。例如，人们说热和冷都只是人心中的感觉，它们并不是实在事物的摹本，并不存在于激起它们来的有形实体中，因为同一物体在一只手感觉为冷，在另一只手则感觉为热，不过我们何以不可说，形象和广延也不是存在于物质中的各种性质的摹本或肖像呢？因为同一只眼在不同的几个位置，或组织不同的几只眼在同一个位置，所见的形象和广延都是不一样的，因此，它们并非是心外存在的任何确定事物的影像。人们还证明，所谓甜并非真正是在甜物中的，因为同一种东西虽无变化，可是甜也会变成苦，就如在患热症时或上颚起了变化时就是这样的。既然如此，那么我们不可以一样合理地说运动也不是在心外存在的么？因为人们承认，心中各个观念的交替如果较为快些，则外物虽不变，运动亦会慢起来的。

15. 这种说法在广延方面还没有结论：我们已经用各种论证证明颜色和滋味只是在人心中存在的，任何人一思考这些论证，他一定就会看到，我们也一样可以应用它们来证明：广延、形象和运动只是在人心中存在的。我们自然承认，这种辩论方法可以证明我们不能借感官认识什么是对象的真正广延或颜色；而并不足以充分证明外物中没有广延和颜色。不过前边的各种论证已经表明，任何颜色、广延或其他一切可感知的性质，都不能在心外一个不思想的实体中存在，而且已经充分指示出，所谓外在对象之为物根本是不会存在的。

16. 现在我们可稍稍考察流行的意见。他们说，广延是物质的一种形态或偶性，物质是支撑广延的基质。不过我希望您给我解释，所谓物质支撑广延是什么意义？您或者说，“我没有物质观念，因此也不能解释它。”不过您虽然没有绝对的物质观念，可是您的话如果稍有意义，则您至少也该有一个相对的物质观念。您虽然不知道它本身是什么，可是我想您必定知道它和各个偶性有什么关系，什么是所谓“它支撑它们”。显然，所谓支撑一定不是指通常字面的意义而言，一定不是像我们所说的柱子支撑屋宇那样，那么我们究竟该在什么意义之下去了解它呢？至于我，则完全不能发现可以应用于它上面的任何意义。

17. 在哲学中所谓物质的实体有两层意义：我们如果研究一下最认真的哲学家所谓“物质的实体”究竟有何种意义，我们便会看到，他们承认在那几个音节上并未附有别的意义，只附有一个一般的存在观念以及“支撑偶性”的这一个相对概念。但是在我看来，一般的存在观念是最抽象、最不能理解的。至于所谓支撑偶性，则我方才已经说过，那是不能照普通的意义去理解的。因此，我们必须承认它有别的意义；不过那种意义究竟是什么，他们没有说明。因此，我在考究“物质的实体”这几个文字意义的两部分以后，就相信它们并没有清晰的意义。不过我们又何必费心来讨论形象的、运动的以及其他可感知性质的物质的基质或支柱呢？要来讨论，不是已经假设它们在心外有存在么？这不是明显的矛盾，而且是完全不可想象的么？

18. 外界物体的存在是不能证明的：不过凝聚的、有形的、被动的实体，纵然可以在心外存在，与我们所有的物体观念相符合，我们又如何能知道这一点呢？我们若不是借感官知道，就是借理性知道的。说到我们的感官，我们只能借它们来知道我们的感觉、观念或直接为感官所感知的那些东西；不过它们却不会告诉我们说，心外有一些东西存在着，虽不被我们所感知，却与所感知的东西相似。这一点，就是唯物主义者也是承认的。因此，我们如果尚能知道外界的事物，则只有借助于理性了，因为只有理性可以由感官直接所感知的东西推知外物的存在。但是我看不到有什么理由可以使我们根据所感知的东西来相信心外有物体存在，因为就在主张物质说的人们，也并不妄谓在外物和观念之间，有任何必然的联系。人人都承认，外界纵然没有相似的事物存在，可是我们也一样可以为我们现在所有的观念所刺激。睡梦中、疯狂中以及相似的情节中所发生的事实，已经使这一点无辩论的余地。因此，我们就分明看到，观念的产生，并不必要假设外界的事物。因为人们都承认，纵然没有外物同观念同时存在，观念有时也可以按照我们所常见的秩序产生出来，而且也可以永远产生出来。

19. 外界物体的存在，也并不足以解释我们观念产生的方式：但是人们或者又会说，离了外物，我们虽然也可以有感觉，可是我们如果假设有外界物体同它们相似，则比没有这种假设，较为容易解释它们产生的方式。因此，至少我们可以推想，外界有所谓物体之为物，在心中引起它们的观念来。不过这样说也是没有用的。因为我们纵然向唯物主义者承认他们那些外界的物体，可是他们仍然承认自己并不能因此就会进一步地认识我们的观念是怎样产生的。因为他们承认，自己并不能了解物体以何种方式能够对精神发生作用的，何以物质会在心灵中印上任何观念。因此，显然我们心中虽然产生了各种观念或感觉，可是我们并不能据此为理由就假设有物质或有形的实体，因为他们承认，不论有无这种假设，观念的产生是一样不可了解的。因此，物体纵然有在心外存在的可能性，我们这种主张也不能不说是一种危险的意见。因为这样就毫无根据地假设，上帝所创造的无数事物，都是完全无用的，并没有任何功用了。

20. 难题：简单地说，如果有外界物体存在，那我们是不能知道它们的；如果没有，则我们仍有同样理由相信，自己会有现在所有的外界物体。假如有一种智能，没有外界物体的帮助，也可以感受到您所受的那一串观念或感觉，而且那些观念在他心中的地位和活跃过程，也正如在您心中一样。那么我就问，那个智能是否也有您所有的那些理由来相信那些有形体的实体存在，来相信它们是被观念所表象，是在他心中刺激起那些观念来的？这一点，是毫无问题的。任何有理性的人只要一思考到这一点，就可以相信，自己所以相信心外物体的存在，理由实在是很薄弱的。

21. 在说了这些话以后，我们如果还必须进一步举一些证明来反对物质的存在，则我仍可以举那个教条所引起的一些错误和困难（且不用提亵渎）。这个教条在哲学中已经引起无数的辩难和争论，在宗教中引起了有重大意义的一些争论。不过我在这里，并不愿意详细论述这一点。一方面因为我以后还有机会来讨论这个题目；另一方面因为我觉得，我在这里先验地所充分证明出的道理，不必用后验的论证来证实。

22. 我恐怕人们在这里或者以为我讲的这个题目太冗长了。因为我们既然可以向稍能思考的人们用一两行文字把这个真理极其明白地证明出来，那么我们又何必一再申述呢？你只要看看自己的思想，只要想想一个声音，一个形象，一种运动，一种颜色，是否能在心外不被感知而存在，你就会看到自己所争执的只是一个矛盾。我很愿意就此结束我们的争论，如果您能设想，一个有广延而能被运动的实体，或者（较一般地说）一个观念，或者一个与观念相似的东西，不在能感知它的心内也可存在，那我可以立刻放弃我的主张。至于您所坚持的那些外物组成的系统（compages），则我也可以相信它的存在，纵然您不能给我解释（1）您何以相信物质的存在，（2）纵然您不能指示出它如果存在时有什么功用。只要您的意见稍有一点真的可能性，并且作为您的意见的论据事实上是真的，我就可以承认它是真的。

23. 不过您又说，我们很容易想象，例如，公园中有树，壁橱里有书，并且不必有人来感知它们。我可以答复说，您自然是可以如此设想的，这并没有什么困难。不过我要问，您这不是只在心中构成所谓树和书的观念么？您只是在同时没有构成任何能感知它们的人的观念罢了！实则您自己一向是在感知或想象它们的。因此，您这种说法是不中用的。您这种说法只足以表明您能在自己心中构成各种观念；可是它并不曾表明，您能够设想您的思想的对象可以在心外存在。要想证明这一点，则您必须想象它们是不被设想而能存在的，那就分明是一个矛盾了。我们纵然尽力设想外界事物的存在，而我们所能为力的，也只是思维自己的观念。不过人心因为不曾注意到自己，因此，它便错认自己可以设想；各种物体可以不被思想而能存在，或在人心以外存在。实则那些物体同时是为它所了解的，存在于它自身中的。任何人只要稍注意一下，他就可以发现我这话是真实而明白的，因此，我们也就不必再援引别的证明，来反驳物质实体的存在了。

24. 所谓"无思想的事物的绝对存在",只是一些无意义的文字:显然,我们稍一考察自己的思想,就可以知道,自己是否可以理解:所谓可感物本身的绝对存在,或心外的存在,究竟有何种意义。在我看来,这些文字只不过标记出一个明显的矛盾来,否则便是全无意义的。要想使人相信我这种说法,则最简捷、最公平的方法,就是让他们平心静气观察他们自己的思想。他们在注意观察之后,如果看到这些说法是空洞的和矛盾的,则他们再不用别的东西,就可以确信我的说法了。因此,我必须坚持,所谓"无思想事物的绝对存在"只是一句无意义的或含有矛盾的话。这一点是我一再强调,极愿使读者认真思想一番的。

25. 第三论证——反驳洛克:我们的一切观念感觉,或所感知到的一切事物,不论我们以什么名义来分辨它们,它们都显然是被动的;并没有含着能力或主体活动等等东西。因此,一个观念(或思想的对象)并不能产生或改变别的观念。要相信我这种说法的真实,我们只要观察一下自己的思想就成,并无需乎别的,因为它们或它们的一切部分既然只存于心中,因此,它们所包含的无一不是被感知到的。不过不论谁来考察自己的感觉观念或反省观念,都不会看到它们里边含着任何能力或动力;它们根本不含有那些事物。我们在稍一思维之后,就可以看到,观念的存在只含着被动性或迟钝性。因此,任何观念都不能有什么作用,或者严格地说来,都不能为任何事物的原因;不但如此,而且它也并不能是任何能动事物的影像或模型(如第8节所指出的那样)。因此,我们可以断言,广延、形象和运动,并不能成为我们感觉的原因。因此,要说这些感觉是各种能力的结果,而且这些能力又是由物质粒子的形象、数目、运动和大小来的，那一定是一种错误的说法。

26. 观念的原因：我们常常感知到继续不断的一串观念；其中有的是新刺激起来的，有的变化了，或者完全消灭了。因此，这些观念一定有一种原因为它们所依靠，并且产生它们，改变它们。不过我们由前节看来，可以知道，这种原因一定不是任何性质、观念或观念的复合。因此，它必然是一种实体了；不过我们已经指出，它不能是有形的或物质的实体，因此，我们只得说，观念的原因乃是一个无形体的、能动的实体或精神。

27. 关于没精神的观念：所谓精神是一个单纯能动而不可分的、能动的存在。由于它能感知观念，因此我们就叫它做知性；由于可以产生观念，或在观念方面有别的作用，因此它又叫做意志。因此，我们并不能对精神或灵魂形成任何观念，因为一切观念既然都是被动的、无活力的(参照第 25 节)，它们便不能借映像或图影，把能动的东西给我们表象出来。任何人只要稍一注意，就可以看到，我们对于能使各种观念运动和变化的那种能动的原则，绝对不能有约略近似的观念。我们只能借精神所生的结果来感知它，此外，并无别的方法来感知它；这正是精神(或能动实体)的本性。有人如果怀疑我这里所说的真理，则他只要思考一下，试试自己能否对于任何能力或能动的存在物能构成任何观念；看看自己对于意志和知性两个名称所表示的彼此不同的那两种主要的能力能否构成两个清晰的观念；他还可以试试自己对于灵魂或精神一词所表示的那种东西能否构成一个第三种实体观念或一般存在观念，并且在构成这个观念时，还附带着一个相对概念即它是支撑上述那些能力或为其主体的。有的人是主张肯定一面的，不过据我所知，所谓意志、灵魂、精神等等名词，并不表示各种差异的观念，或者根本就不表示任何观念；它所表示的完全与观念不一样，而且它既是一个能动主体，它就不与任何观念相似，不能为任何观念所表示。不过我们同时仍然承认，我们对于灵魂、精神和心理作用（如意愿、爱、憎之类）等等名词的意义，既然也有几分理解，因此，我们对它们也有一些概念。

28. 我发现，我可以任意在自己心中激起各种观念来，并且可以随意变换情景。我们只要一发动意志，则这个或那个观念就立刻可以在想象中生起；而且我们可以根据同一能力，消灭那个观念，再生起别的观念来。人心因为有这种创生和消灭的能力，因此，我们很可以说它是能动的。这一点是很确定的，而且是建立在经验上的。但是我们如果说有不能思想的主体，或者说离开意志可以激起观念来，那就只是玩弄文字罢了。

29. 感觉观念和反省观念（或记忆观念）是有分别的：可是，不论我有什么能力来运用我自己的思想，我又看到，凭感官实际所感到的感觉，并不依靠于我的意志。在白天的时候，我只要一张开自己的眼帘，我便没有能力来自由选择看或不看，也不能决定要使某一些特殊的物象呈现于我的视野。说到听觉和别的感官，则我也知道，印于它们之上的观念也并不是我的意志的产物。因此，一定有别的意志或精神来产生它们。

30. 自然规律：感觉观念要比想象观念更为强烈，更为活跃，更为清晰。它们是稳定的，有秩序的，而且是互相衔接的；它们并不是意志的结果，并不能任意刺激起来；它们是在有规则的系列中出现的，其互相联系之神妙，足以证明造物主的智慧和仁慈。我们所依靠的那个“心灵”，在我们心中刺激起感觉观念来时，要依据一定的规则或确定的方法，那些规则就是所谓自然规律。这些规律是由经验得来的，因为经验可以告知我们，在事物的日常进程中，某些一定的观念是常会引起某些一定的其他观念的。

31. 处理日常事物，必须知道那些规律：我们由此可以得到一种先见，来作为自己的行为规范，以促进人生的利益。如果没有这种先见，那我们会永久陷于迷惑；永远不知道应该怎样去做一件事，才能得到更多的感官快乐，或避免最小的感官痛苦。我们所以知道，食物可以养人，睡眠可以息身，火可以暖人，在下种时下种，就能在秋收时有所收获，一般说来，采用某种方法，才可以达到某种目的；并不是因为我们在各种观念之间发现了任何必然的联系，只是因为我们观察了自然的确定规律。如果离开这些规律，我们会完全处于不定和纷乱中，而且一个成年人就会像新生的婴儿似的，不知道在日常生活中，如何处理事物。

32. 不过这种和谐的、一致的作用，虽然已经表示出主宰精神的善意和智慧（上帝的意志就是自然规律），可是它却没有使我们的思想追求上帝，反而促使它们追求所谓次等的原因。我们既看到某些感觉观念常常引起别的一些观念，而且我们知道这不是自己所作出来的，因此，我们就一直认为观念自身有一种能力和能动作用，并且认为这一观念为另一观念的原因，实则这是最荒谬、最不能理解的。例如当我们看到，我们在以视觉看到圆而发光的形象时，同时又凭触觉感到所谓热的观念或感觉，则我们会由此断言，太阳是热的原因。同样，我们如果看到各种物体在运动中相冲击以后，发生了声音，则我们也会认为声音为运动冲击的结果。

33. 实在的事物和观念(或幻想)：造物主在我们感官上所印的各种观念就叫做实在的事物，至于在想象中所刺激起的那些观念，则比较不规则，不活跃，不固定，因此，它们可以叫做观念或事物的影像，因为它们是摹拟事物、表象事物的。不过我们的实在感觉虽然十分活跃，十分清晰，它们仍只是一些观念，那就是说，它们是在心中存在的，是为心所感知的，正和它自己所造的观念一样。我们自然承认，感觉观念比人心灵的产物有较大的实在性，而且较为强烈，较为有序，较为连贯，不过这并不足以证明，它们是在心外存在的。它们自然比较少依赖于能感知它们的那个精神或能思想的实体，因为它们是为另一个较有力的精神的意志所刺激起来的。不过它们依然只是观念，而观念呢，不论强弱，都是不能于能感知它的心外而存在的。

34. 第一种一般的责难——答辩：在我们进一步讨论之前，我们可费一些时间来答复人们对于我这里的原则所可能加的责难。在回答时，理解敏捷的人们如果觉得我过于啰唆，则我希望他们能原谅我，因为这一类事物的本性并不是人人都能同样易于了解的，而我是愿意人人对它们都能了解的。——第一点，人们会反对说，按照前面的原则，自然中一切实在的、实质的东西，都被放逐于世界以外；代替它的是一个虚幻的观念系统。一切存在的事物，既然都存在于心中，都是纯粹属于概念的，那么日、月、星都成了什么样的呢？我们应该如何来设想房屋、河流、山岳、树林、石头甚或自己的身体呢？这些东西都是想象中的一些幻想么？对于这一类责难，我可以回答说，按照我所举出的原则讲，我们并不曾失掉自然中的任何事物。我们所见、所触、所听、所想象、所理解的任何东西，都仍和先前一样固定，一样真实。这里还有一种自然，而且实在和虚幻的分别仍是完全有效的。这一点，在第29节、第30节、第33节可以看到；在那里，我们已经指明，与幻想(或我们自己造的观念)对立的实在事物有何不同意义。不过它们都一样存在于心中，而且在那一种意义下，都一样是观念。

35. 我们不承认一般哲学家所说的那种物质的存在：我并不否认我们凭感官或思考所能了解的任何事物的存在。我眼所见的事物，和我手所触的事物，都是存在的，都是实在存在的；这一点，我丝毫也不怀疑。我所不承认为存在的唯一东西，只是哲学家所说的物质或有形的实体。不过我虽否认这一点，可是我对于其余人类并不曾有所损害，因为他们根本就不需要这种东西。只有无神论者会因此少了一个粉饰其不敬神明的空洞名称，只有哲学家或许会因此觉得自己在烦琐的争论中失去了大的把握。

36. 关于"实在"的说明：如果有人以为我这种主张有损于事物的存在或实在性，那他实在没有了解我用最浅显的词句所说的话。我们可仍将前边所说的撮要重述一遍。有一些精神的实体，就是人心或灵魂，可以在自身任意刺激起一些观念来，不过这些观念比之感官所感知的其他观念，则是模糊、微弱而不定的；后一种观念是按照自然法则或规律印于感官上的，那就表示出它们自己是一种比人类精神更有力量，更明智的心灵的产物。后边这一类观念比前一类观念有较大实在性，那就是说，它们是更有影响，更有秩序的，更清晰的，而且不是由能感知它们的心灵所虚构的。

在这种意义下，我们可以说，我们在白日所见的太阳是实在的太阳，在晚上所想象的太阳是前者的观念。按这里所说的实在的意义看来，显而易见，每一种植物、星宿、矿物以及世界中任何部分，按照我的系统和按照别的任何系统一样，都仍是一种实在的东西。别人如果以为实在一词的意义不是我所说的这样，则我请他们观察观察自己的思想究竟是什么样的。

37. 我们所排除的，只是哲学上所谓实体，不是常人所谓实体：人们或者又反驳说，至少我们也可以说，这样我们就把一切有形的实体都排除了。我可以答复说，实体一词如果是取其通常的意义，即如果是指各种可感性质的组合体而言（类如广延、硬度、重量等的组合体），那么人们便不能诬我们把实体去掉。但是实体一词如果是指哲学的意义，如果是指支撑心外各种偶性（或性质）的一种东西而言，则我切实承认，我们是把它去掉了，——如果人们可以说，那个根本不存在，甚至在想象中也不存在的东西，也可以说是去掉的话。

38. 您或者说，要说我们吃观念、饮观念、穿观念，那是很难听的。我也承认是这样的，因为在通常谈话中人们所用的观念一词，并不表示可感觉性质的集合体，如果这种组合，平常是称为事物，而且那个和日常语言不同的说法，那一定是难听而可笑的。不过这无损于我们命题的真实，因为我们如果换一个说法，则这个命题的含义也不过是说，我们所吃的、所穿的，只是我们感官直接所感到的那些东西罢了。组成各种衣食的种种性质，如软、硬、色、味、暖、形等等，我们已经指出它们只在感知它们的心中存在；我们所以称它们为观念，也就是这个道理。观念这个名词，如果也同“事物”一词一样通常使用，则我们也不觉得它多么难听，多么可笑。我所争执的，不在于用语的恰当与否，而在其真实与否。如果您也承认我们所食、所饮、所穿的，都是感官的直接对象，而且它们不能在心外存在，不能不被感知而存在，则我可以立刻承认，要称它们为事物，而不称它们为观念，那是较为妥当，较为合于习惯的。

39. 观念一词比事物一词较为可取：人们如果要问，我为什么应用观念一词，而不屈从习惯叫它们为事物，则我可以答复说，我所以如此，有两种原因。第一，因为事物一词如果和观念对立起来，则人们通常以为它是指心外存在的一种东西。第二，因为事物一词比观念一词的含义较广，它不止包含观念而且亦包含精神和能思想的东西。感官的对象既然只存在于心中，而且又是被动的，无思想的，因此，我就宁愿以观念一词来表示它们，因为这个名词正包含着那些性质。

40. 感官的证据是不能怀疑的：不论我们说什么，可是有的人或者还会答复说，他仍然相信他的感官，并且不让任何动听的证据来怀疑它们的确实性。那么好了，您可以尽量提高感官的证据，我们也正想提高它们的证据。我所见、所闻、所触的，都是存在的，都是被我所感知的，这一点是我所不否认的，正如我不否认我自己的存在一样。不过我看不到感官的证据如何能够拿来检验任何不被感官所感知的事物的存在。我们并不想使任何人变为一个怀疑主义者而不相信自己的感官；反之，我们正愿给予感官一切可想象的重视和信任。没有别的原则比我们所建立的那些原则更和怀疑主义相反。这一点，我们在后面将明白地指示出来。

41. 第二责难——答辩：第二点，人们又会反对说，例如在实在的火同火的观念之间，在梦见（或想象）自己被火烧，和真正被火烧之间，确实有一种重大的区别。人们如果以这一类的说法来反驳我们的论点，则我可以答复说，前边所说的已经可以答复这个责难了。不过我还可以附带地在这里申述：实在的火既然同火的观念不同，那么，它所引起的疼痛也同疼痛的观念不同，不过疼痛的观念固然只在人心中，可是无人敢说，实在的疼痛能在心外存在，能在无知觉的事物中存在。

42. 第三责难——答辩：第三点，人们或者又会反驳说，我们看到各种东西实在存在于外界，而且同我们是远隔的，因此，它们就不能存在于心中，因为要说我们所见的数哩以外的东西，会同我们的思想一样接近于我们，那是很荒谬的。为了答复这一点，我希望人们思考一番：在睡梦中我们虽然常见有事物在远处存在，可是我们仍然只承认它们是在心中存在的。

43. 不过为了更详细地阐明这一点，我们还应当考虑，我们是如何借视觉得以感知到距离和远隔的事物的。因为我们如果真可以“看到”外界的空间和在其中实在存在的各种物体，而且又看到它们有的近，有的远，那么这就与我们所说的话矛盾了，因为我们曾说，各种物体是不能在心外存在的。我因为考虑到这一点困难，所以才写了那部《视觉新论》。在那部书里，我曾经指出，(1)所谓距离或外界存在，我们既不能凭视觉直接感知到它，也不能凭线和角或与它有必然联系的任何事物来理解它或判断它。(2)它之所以被暗示于我们的思想中，只是由于伴视觉而起的一些可见的观念或感觉；可是这些感觉或观念就其本性而论并不与距离或远隔的事物有任何相似之处，或有任何关系。这些观念所以能向我们暗示出距离和远隔的东西来，只是因为经验告知我们以它们的联合，正如任何语言中的文字之将它们所代表的观念提示于我们心中一样。因为这种缘故，一个先天盲人在后来如果能看见事物，则他在初看之下，并不以为他所见的事物是在心外存在的，或是同他远隔的。读者可参阅《视觉新论》第41节。

44. 由视觉而来的观念和由触觉而来的观念，是完全不同的和不相似的两个种类。前者是后者的标记和预兆。在《视觉新论》中我们也已指出，视觉的固有对象既不在心外存在，也不是外界事物的影像。在那部书中，我们虽然假设，可触的物象是在心外存在的，可是那并不是因为我们必须要采取通俗的错误来建立那部书中的概念，乃是因为在论视觉的书中，我的目的并不在于考察和反驳那种错误。因此，视觉观念，我们虽把它们认为是距离，是远隔的事物，可是严格地说来，它们并不曾向我们提示出真正在远处存在的事物。它们只是要我们注意，在某种时间距离以后，在某些动作以后，将有何种触觉观念要印在我们心中。从这部书中的前几部分和《视觉新论》第147节以及其他部分，显然看出，视觉的观念乃是我们所依靠的主宰精神所用的语言，它是用这种语言来告知我们，它将在我们身上印入哪一些可触的观念，如果我们在自己身体中刺激起这样或那样的动作。不过要想较明白地了解这一点，请读者参看《视觉新论》那本书好了。

45. 第四责难是根据不断的消灭和创造来的，现在我们要回答它：第四点，人们会反驳说，由前边的原则说来，各种事物是在每一刹那中消灭而又创生的。感官的对象既然在被人感知时才能存在,因此,公园的树木,客厅的椅子,如果没有人在那里感知它们,它们就是不在那里的。我一合了眼,则室中的器具会归于乌有,而且我只要一睁开眼,则器具又会重新创生出来。要答复这一点,我可以请读者参考我在3、4等节所说的话,我并且希望他考虑考虑:不被感知的观念的真实存在究竟是什么意思。我觉得,在我做了最精密的考察之后,并不曾发现这些文字有任何意义。因此,我仍请读者研究研究自己的思想,不要让自己为文字所欺。他如果能想象:自己的观念,或观念的原型,可以离开知觉而存在,则我可以抛弃我的主张。他如果做不到这一点,则他如果再挺身来辩护自己所不知道的东西,而且以为我之不同意于那些毫无意义的命题是荒谬的,那他就该承认自己太无理了。

46. 反诘论证:我们正可以注意,对那些传统的哲学原则本身是怎样可以拿上述的荒谬之点加以责难:(1)要说围绕我们的一切可见对象在我闭眼以后,都归于消灭,那在人认为是荒谬万分的。不过哲学家既然都主张,视觉的直接的、固有的对象,光和色,都只是一些感觉,不被感知时就不存在,那么他们不是都承认对象在闭眼以后都消灭了么?(2)要说各种事物可以在刹那间创造出来,那在有些人认为是不可信的。不过这个概念却又是经院中所常常教人的。因为经院学者虽然承认物质的存在,虽然承认尘世的结构都是由物质造成的,可是他们仍然相信,如果没有神圣的保持,物质就不能存在,而他们解释这种保持就是不断的创造。

47. (3)我们在一想之后,就可以发现,我们纵然承认物质或有形的实体是存在的，可是按照现代人们所一致承认的原则说来，我们必然断言，任何种特殊的物体在不被感知时，都是不存在的。因为1)据11节和以后各节看来，哲学家所力争的那种物质是不可理解的一种东西，它并不像我们感官所见的物体似的有各种特殊的性质，可以互相分辨。2)为使这一点更为明了起见，我们还必须说，物质的无限分割性是公认的，至少也是被那些最著名的重要哲学家所承认的，因为他们已经根据公认的原则，把这一点明白地证明出来。因此，就可以推断说，在每一个物质粒子中，都有无数的部分不是为感官所感知到的。特殊物体的体积所以似乎是有限的，所以在感官面前只呈现出有限的部分来，并不是因为它再不含着较多的部分(因为它包含着无数的部分)，乃是因为感官并不足够敏锐，不能分辨它们。因此，我们的感官如果愈敏锐，它在对象中所见的部分也就愈多；那就是说，那个对象也就变得大了一点，它的形象也就发生了变化，以前在边端中所看不到的那些部分，现在就以角和线对它树立界线，它因而就与较迟钝的感官所感知的大为两样了。因此，到了最后，在体积和形象经过若干次变化以后，感官的锐度如果变到无限大的地步，则物体也会显得是无限大的。在这些过程中，物体方面并无变化，所有的变化只在于感官方面。因此，每个物体，就其本身来说，原是无限广大的，因此，它是没有任何形状的。由此就可以推断说，我们纵然承认物质的存在是千真万确的，而我们仍然可以断言，唯物主义者即按其自己的原则，也不得不承认，感官所感知的任何特殊事物，或任何类似的东西，都不是在心外存在的。因此，按照他们所说，物质和物质的每一粒子，都是无限的，无形的，只有人心才可以构成可见世界中所有的复杂而变化多端的物体，因此，任何物体，只要不被感知，就是不存在的。

48. 我们在一思考之后，就可以看到，人们并没有理由把45节所提出的那种反驳来加于我们所提出的那些原则上，以致可以构成真正反对我们概念的任何责难。因为我们虽然主张感官的对象不是别的，只是离开知觉就不能存在的观念，我们却不能由此断言，只有在被我们感知时，它们才存在，因为我们虽然不感知它们，可是可能还有别的精神在感知它们。我们虽然说，各种物体在心外并不存在，可是人们不要误会，我是指着这个特殊的心或那个特殊的心而言，因为我所指的，乃是任何所有的心。因此，我们并不能根据前边的原则断言，各种物体是每一刹那在被消灭、被创造的，也不能断言，在我们感知他们有了间断时，他们就完全不存在。

49. 第五责难——答辩：第五点，人们或者还会反驳说，广延和形象如果存在于心中，则心一定是有广延，有形象的。因为广延是一种形态或属性，它们是包含于它说明的那个主体的（如经院派所说）。不过我可以答复说，（1）那些性质之在心中，只是因为它们被心所感知，那就是说，它们不是作为心的形态或属性，只是作为它的观念。因此，我们虽然说，广延只在心中存在，可是我们并不能因此就说灵魂或心是有广延的，也正如我们虽都一致承认红色和蓝色只能在心中存在，可是我们并不能因此就说心是红的或蓝的这是谁也不否认的。（2）至于哲学家关于主体和形态所说的话，那似乎是很无根据、很无意义的。就如说，“一个骰子是硬的，方的，有广延的，”则在这个命题中，他们会以为“骰”这个词是表示主体或实体的，至于硬度、广延、形象，则与它不同，是它的属性，在它以内存在的。这种说法，我是不能理解的；在我看来，一个骰子并不与所谓它的形态和偶性的那些东西有别。因此我们如果要说，一个骰子是硬的、方的、有广延的，则我们并不是把这些性质归于与它们不同而且支撑它们的一个实体。我们在这里只不过解释骰子一词的意义罢了。

50. 第六责难是根据自然哲学来的——答辩：第六点，您或者会说，有许多事物是可以拿物质和运动来说明的；如果您把这些去掉，则您会消灭全部的微粒哲学(corpuscular philosophy)，会摧毁足以解释宇宙现象的那些机械的原则。总而言之，古今哲学家在研究自然方面所有的任何进步，都只是由于他们假设有形的实体或物质是实在存在的。不过我可以答复说，用那个假设所解释出的任何现象，离了那个假设，也一样可以解释得出。我们若把特殊的一些事件加以归纳，就容易看到这一点。要解释一个现象，正是要指示，在这样和那样情况下，何以我们会受那样观念的刺激。不过(1)物质究竟如何能在精神上发生作用，并且能在其中产生任何观念来，那是任何哲学家一向所不敢试图解释的。因此，很明显，在自然哲学中，物质不能有任何用处。此外(2)人们在说明各种事物时，并不利用所谓有形的实体，他们只以形象、运动和别的性质来说明它们，不过这些性质归根到底仍只是一些观念，因此，它们便不能成为任何事物的原因，这一点前边已经指出过了。

51. 第七责难——答辩：第七点，人们在这里又会问，要把一切自然的原因除去；并且把一切事物归于精神的直接活动，那不似乎是荒谬的么？按照这些原则说来，则我们不当再说火在热，水在凉，我们只当说精神在热，精神在凉。不过一个人如果这样谈论起来，则他不是活该被人笑话么？我答复说：是的，他是会被人笑话的，不过在这些事情方面，我们的思想应该依从学者，我们的谈话却应该依从平常人。人们在经证明以后虽然相信哥白尼学说的真理，可是他们还一样说，太阳升起，太阳落下，太阳到了天顶。他们如果在普通谈话中生造一种相反的说法，那当然是很可笑的。我们稍一思想这里所说的话，就可以看到，人们在承认了我们的原则之后，普通的语言用法也不会发生任何变化或扰乱。

52. 在日常生活中，各种语句在严格的、理论的意义下，不论如何虚伪，它们只要能刺激起我们的适当情感或意向来，使我们在幸福所必需的方式下行动起来，则我们仍然可以保留那些语句。这种情形乃是不可避免的，因为语言的恰当与否既然是习惯所规范的，因此，语言是符合于公认的意见的，而公认的意见又不一定是颠扑不破的。因此，即在最严格的哲学推论中，我们也不能使自己语言的旨趣发生根本变化，说起话来不使吹毛求疵者找碴儿来非难我们，反驳我们。不过一个公平而坦白的读者，会忽略语言中因习惯所生的那些不可避免的不精确的说法，而从谈话的范围、题旨和联系中，来确定其意义。

53. 经院学者中有些人主张没有所谓有形体的原因，近代哲学家中也有如此主张的。这般人一面承认物质是存在的，一面却又认为上帝是一切事物的直接的唯一动因（efficient cause）。这些人看到，在感官的一切对象中，没有任何事物具有主动的能力，因此，他们也看到，他们所假设为心外存在的一切物体也都是这样的，正和感官的直接对象一样。不过他们既然不承认他们所假设的无数的被造物能在自然中产生出任何结果来，那么，上帝之造它们就全无目的了。因为上帝离了它们也一样可以做任何事情。因此，我们纵然承认这种假设是可能的，然而它仍然是一个肆无忌惮的和莫名其妙的假设。

54. 第八责难——两点答辩：第八点，有的人或者会认为人类的普遍而一致同意，就是证明有物质的一个不可抗拒的论证，就是外物存在的不可抗拒的论证。我们假设全世界都错误了么？如果是这样的，我们如何解释这样广泛、这样得势的一种错误呢？不过我可以答复说，第一点，在精细的考察之后，我们或者会看到，事实上并没有我们所想象的那么多人来真心相信心外有事物存在或物质存在。严格地说来，要相信含有矛盾而全无意义的说法，那是不可能的。上述的几种词语是否是这一类的，那我让读者平心静气来考察好了。在某种意义下，人们诚然可以说是相信物质存在的，那就是说，就他们的动作看来，他们好像以为，那不时刺激他们而又同他们极其接近和呈现的感觉的直接原因，只是一种无感觉、无思想的东西。不过要说他们会清晰地了解这些文字的意义，并且对于它们构成一个确定的、思辨的意见，那是我所想象不到的。人们往往想象自己相信所常听到的那些命题，实则那些命题是全无意义的，而且他们也只有自欺罢了。不过自欺的例子很多，此处所说的只是其中之一罢了。

55. 第二点，我们纵然承认有全人类所固执的一个概念，这也实在不足以证明那个概念是正确的，只要我们一想到，不肯多多思考的人(人类的大部分)到处极其顽固地接受的许多偏见和错误意见,即可一目了然。曾有一时,人们都承认对跖人和地球的运动是很荒谬的说法,即在有学问的人也是这样的。我们如果想到,相信此说的人在全人类中是如何之少,我们将会看到,就在今天,那些概念在世界上也只得到很小立足地。

56. 第九责难——答辩:但是人们或者又会让我们来说明这种偏见的原因,解释它何以会通行于世。我的答复是这样的。人们因为知道自己感到一些观念,而且知道它们不是由自己所创造的(因为它们不是由内部刺激来的,也不是依靠于他们的意志作用的),因此,他们就主张,那些观念(或知觉的对象)"可以不依赖心灵而存在,可以独立于心外而存在"。他们并不曾梦想到,那些文字中正含着一种矛盾。不过哲学家却分明看到。知觉的直接对象并不存在于心外,因此,在一定程度上,他们就有几分改正了俗人的错误。不过他们在同时却又陷于似乎同样荒谬的一种错误。因为他们又认为,有一些对象是真正在心外存在的,是有异于被感知事物而存在的;我们的观念只是它们的影像或肖像,是被那些对象所印于心中的。哲学家的这种概念,也正和俗人的概念一样是由同一的根源来的;就是说,他们分明意识到自己不是那些感觉的创造者,分明知道它们是由外界印入的,因此,他们就断言,它们一定有一个异于它们所印入心灵的一种原因。

57. 不过人们为什么假设感觉观念只是由与其相似的事物在心中刺激起的,而不求助于唯一能动的精神呢?我想可以这样说明:第一,因为他们既没注意到假设外界有类似观念的东西存在是矛盾的。也没注意到这种力量和能动性的矛盾。第二,最高的精神虽然能在我们的心中刺激起那些观念来，可是我们看不到可感观念的任何特殊的有限制的集合体，会把它标记出来，一如人类被其大小、容貌、肢体和运动所标记出来那样。第三，因为他的动作是有规则的，前后一致的。自然的进程如果被一种奇迹所中断，则人们很容易承认有一个高高在上的主宰存在。但是我们如果看到各种事物在寻常的进程中活动着，它们便不会引起我们思考。它们的有条不紊，互相连贯，虽然很足以证明造物主的极大智慧、权力和仁慈，可是我们既然司空见惯，我们便不以为这是一个自由精神对于它们所起的直接作用。而我们所以不以为它们是这样的，尤其因为不断的变化和缺乏经常的活动，尽管事实上是不完善的，但是我们认为这是自由的标记。

58. 第十责难——答辩：第十点，人们会反驳说，我们所提出的概念是与哲学中和数学中一些健全可靠的真理相矛盾的。就如说，地球的运动是为天文学家普遍所承认的，是建立在最明白、最有力的理由上边的。不过按照前边的原则，我们并不能说有这回事。因为运动既然只是一种观念，它在不被感知时，便不存在。可是地球的运动，正是我们的感官所不能感到的。不过我可以答复说，如果对它正确地了解，我们可以看到，那个学说和我们所提出的原则，实在是相一致的。因为地球是否运动这个问题实际只不过是说：根据天文学家所观察的说来，在处于某种情形下，在距太阳和地球的某种距离外，我们是否可以看到地球是在一列行星中绕日而行，是否可以看到，它在各方面说来完全是像行星之一。不过这一点是可以根据无法怀疑的自然的确定法则，有理由从现象中推断出来的。

59. 我们因为经验到人心中有连续不断的各种观念,因此,我们可以常常根据此种经验对于将来经过一系列行动以后所要刺激我们的那些观念,作出一些确定的、有根据的预言(并非不确定的猜想),并可以正确地判断,我们将来所处的情况如果同现在不一样时,会有什么事态呈现于我们面前。我们对自然所有的知识就是由此产生的;而且它的功用和准确性也正如我们上面所说的那样。人们如果根据星宿的体积,或天文中或自然中其他的发现,发出类似的责难,则我们也容易用这里的说法给以答复。

60. 第十一责难:在第十一方面,人们或者又会问,植物的奇妙组织,和动物的各部分的惊人构造,究竟为什么目的呢?离了那些精巧美妙而复杂的内在组织,植物不是一样可以生长,一样可以布叶吐花,动物不是一样可以进行其动作么?因为那些内部组织既然只是一些观念,既然没有有力的、能动的成分,而且与人们认为它们一向所发生的那些结果没有必然的联系,那么还用它们做什么呢?如果一切结果都是由一个精神的命令或意志直接产生的,那我们就必须认为:不论在人方面,或自然方面,一切精妙的工作都白费了。按照这个学说说来,一个匠人虽然造了一个表的发条、齿轮和各种机件装置,虽然把它们安排得能发生自己预期的动作,可是他仍当知道,这都是白费的,仍当知道,只有神明在指拨指针,在指示时辰。既然如此,则那个神明直接就指出时辰来好了,何必又让人费心来构造各种机件装置,而加以各种配合呢?钟表的空壳为什么不能如钟表一样指示出时间来呢?而且我们真不理解,何以表走得有了毛病,机件就会相应地纷乱起来,而且在经过巧手修理以后,又走得准确起来。

关于自然中一切发条机构都可以如此说；自然的发条机构大部分是精妙无比，最好的显微镜也不能观察出的。总而言之，按照普通哲学说来；用绝技所创造的那些无数的物体和机械，都有适当的功用，并且可以说明纷繁的现象。不过按照我们的学说讲来，我们实在不能给这些物体找出大家通得过的解释，实在不能给它们找到最后的原因。

61. 答复：要答复这点，第一点我可以说，关于上帝的管理方法和指定给自然中各部分的功用，诚然叫人感到困难，不是我们可以用前边的原则所能解释的。不过有些事物，我们既然极其明显地把它们先验地证明出来，这一点责难对于那些事物的真理和正确性来说，是没有什么重要的。第二点，我还可以说，就是传统的学说也一样不能避免这一类的困难。因为既然有些事物，上帝只用自己的意志的命令，不用任何器具，就可产生出来，那么我们仍然可以问，上帝为什么还要转弯抹角用各种工具和机械来产生它们呢？第三点，我们如果仔细考究，我们可以更有力地用此反驳来对那些人进行反击。他们主张那些机器是在心外存在的。不过我们已经阐明硬度、体积、形象、运动等等，并没有动力或效用，并不能在自然中产生任何结果（参阅 25 节）。因此，谁要假设它们在不被感知时尚能存在（纵使这个假设是可能的），他的假设也是白费的，因为人们假设它们所有的唯一目的（因为它们的存在不被感知），只在于产生那些可感知的结果，可是正确说来那些结果只能归于精神，不能归于别的事物。

62. 第四点，我们如果再较详细地观察一下这种困难，我们还必须说，各个部分和器官的组织，虽非产生任何结果时所绝对必需的，可是要按照自然规律，在一种恒常而有规则的方式中，来产生各种事物，则这个组织却是必需的。在一连串自然的结果中，常有一些普遍的规律贯穿其间：人们在观察自然、研究自然后，就可以学得这些规律。学得以后，他们或者把它们应用到制造人为的事物上，以供人生的应用和妆饰，或则应用它们来说明各种自然现象。所谓说明也只是把一个特殊现象和自然规律的相符之点指出来，或发现各种自然结果产生时的一律性(uniformity)。人们如果注意哲学家如何妄图解释各种现象的例证，他们都可以看到这一点。在31节，我们已经指示出，最高主宰所遵守的这些有规则的经常的工作方法，实在有其伟大的显著的效用。在这里我们也一样可以看到，各部分的特殊体积、形象、运动和配置，虽非产生任何结果时所必需的，不过要按照固定的机械的自然规律，来产生一个结果，则它们仍是在所必需的。我们不能否认主宰寻常事物的上帝或神明，在有意实现神迹时，可以使钟表盘上发生一切运动(在人们不曾使钟表发生那些运动时)，可是他如果要想使自己的行动符合于他自己在宇宙中(为聪明设计)所定的那些机械作用的规律，则他必须先使钟表匠发生种种行动，先使钟表运动起来，先把它的机件调好，然后才能产生出时针的指时的动作来。同样，钟表匠的动作一乱，我们就会跟着看到钟表的机件也发生相应的纷乱。这些机件如果再加以调正，则钟表又走得准确起来。

63. 在有些情形下，造物主诚然必须显示其超越的能力，来产生一些反乎寻常的现象。这一类反乎一般法则的例外之事，最可以使人惊惧，不敢不承认神圣的存在。不过(1)这一类例外事故，究系不常见的，否则它们便显然不能使人惊惧了，(2)上帝似乎不愿意以反常的惊人的事情来惊觉人，使人相信他的存在，他似乎只愿以自然的作品来使我们的理性相信他的品德，因为各种作品的结构已经表现出是同设计十分的调和的，而且也明显指示出造物主的仁慈和智慧来。

64. 为了更加明白地来阐述这一点，我可以说，在60节所举的责难，只不过是这样的：就是说，"各种观念不是随便任意产生的，它们有一种秩序和联系，正如原因之与结果有联系一样。它们是各种有规则的、精妙的组合体，而且那些组合体是在有规则而巧妙的方式下造成的，正和自然手里的一些工具一样，虽隐在布景的后面，却可以凭其秘密的作用，来产生出世界舞台上所见的那些现象。不过那些组合体自身，却只有独具慧眼的哲学家才能看到。依您说来，一个观念既然不能为另一个观念的原因，则那种联系有什么意义呢？那些工具既然只是人心中一些没力量的知觉，而且也不足以产生出自然的结果来，那么我们就该问，它们为什么要造出来呢？上帝为什么使我们在精密地观察了他的作品以后，看到那么多的观念，都按照规则，精巧地联络在一块儿呢？我们不能设想，他会把一切艺术和规则，白白耗费了(如果我们可以这样说)"。

65. 我的答复是这样的。第一点，观念间的联系并不表示因同果的关系，它只表示一个标记和其所表示的事物的关系。我所看见的火，并不是我在走近它时所感到的疼痛的原因，它只是警告我火是能引起疼痛的一种标记。同样，我所听到的声音，也不是周围物体的运动或冲击所生的结果，而是有关的一个符号。第二点，各种观念之所以形成机器，所以形成人造的、有规则的组合体，也正同字母之结合为文字似的。因为要想使少数原始的观念来表示许多结果和动作，它们就必须有各种组合的方式；而且要想使它们的功用恒久而普遍，这些组合体还必须按照规则和聪明的设计做出来才是。借着这种方法，我们就得到种种知识，知道某些动作会预示某些结果，并且可以知道，要想刺激起某些观念来，我们应该采用什么方法。我们所以说在看到了各物体（自然的或人工的）内面部分的形象、组织和结构以后，就能知道依靠于它们的各种功用和性质，或知道那个事物的本性；对于这话我们所能清晰地想到的含义也就是说，我们能知道某些动作会预示出某些结果，某些方法会刺激起某些观念。

66. 自然哲学家的正当任务：由此，显然看到，我们所认为原因的那些事物，所认为能产生结果的那些事物，虽然完全不可理解，虽然使我们陷于极大的荒谬，可是我们如果把它们只当做是知识的标记或符号，则它们是可以自然地得到解释的，而且是有独具的显著的功用的。自然哲学者的正当任务，正是在于研究和了解上帝所造的那些标记（或那种语言），而不在于以有形体的原因来解释各种事物。后边这一种学说，似乎已经使人心在很大程度上离弃了那种能动的原则，离弃了我们在其中"生活、活动、存在的"那个至高的、智慧的精神。

67. 第十二个责难——答辩：第十二点，人们或者又会反驳说，由前所说的看来，我们虽然知道，心外并没有无活力、无感觉、有广延、有硬度、有形象而被动的实体，如哲学所说的物质那样，但是一个人如果把广延、形象、硬度、运动等积极观念，排除于其物质观念以外，并且以为这个名词只是指一种无活力、无感觉的实体而言，它可以在心外不被感知而存在，而且它是我们观念的缘由（或者说上帝借着它的存在把各种观念在我们心中刺激起来），那么，我们在这种意义下来了解物质，物质仍然可能存在。不过我可以答复说，第一点，要假设有“无偶性的实体”，正和要假设有“无实体的偶性”一样荒谬。第二点，我们纵然承认这个不可知的实体可能存在，但是我们能假设它在什么地方存在呢？我们已经同意它不是在心中存在的，可是我们同样确实知道它是不在任何地方存在的；因为一切地方或广延，我们已经证明它是只在心中存在罢了。因此，它是不在任何地方存在的。

68. 物质并不支撑什么，这更足以证明它是不存在的：现在我们可以稍想一想，人们在这里如何叙述所谓物质。据他们说，物质一定是不能动、不能知觉、不被感知的，因为他们说，物质是一个无活力、无感觉而又不可知的实体。这个定义是完全由消极条件形成的，所仅有的相对概念，也只不过说它是有支撑的作用罢了。不过我们必须说物质完全不支撑什么东西；而且我请人们注意，他们这种叙述是如何近似对“非实体”的叙述。你或者说，物质是一种未知的缘由（occasion），在它出现时，上帝可以任意在我们心中刺激起各种观念来。不过一种东西如果不为感觉和思考所感知，如果也不能在心中产生出任何观念来，如果也没有广延，没有形象，并且不存在于任何地方，则它又如何能在我们面前出现呢？所谓出现（to be present）一词若照这样解释起来，则它的意义一定是抽象的、奇特的，那就不是我所能了解的了。

69. 我们还可以考察，所谓缘由究竟有什么意义。据普通的用语来看，这个名词或则指能产生任何结果的一种主体，或则指在事物常轨中被观察为伴随结果而来的（或先于结果而来的）一种东西。但是我们如果把它应用在上边所述的那种物质上，我们便不能以这两种意义来了解它。因为既然说，物质是被动的，无活力的，那么，它便不能成为主体或真正的原因。而且物质又是知觉不到的，没有一切可感性质的，因此，它也不能在后一种意义下，成为我们知觉的缘由（就如说“手被烧”是其所引起的疼痛的缘由那样）。那么您叫物质为缘由，究竟有什么意义呢？因此，您所用的这个名词不是全无意义的，就是它的意义是和通俗的含义背道而驰的。

70. 您或者会说，我们虽看不到物质，可是它仍会被上帝所感知，因此，在上帝看来，它仍是使我们心中发生观念的缘由。因为您说，我们的感觉是在有规则的、恒常的方式中印于我们心中的，因此，我们就有理由假设，它们在产生时要有一些恒常的、有规则的缘由。这就是说，有一些常住的清晰的不可分割的物质，是与我们的观念相对应的。这些物质虽然因为自己是完全被动的，不可知觉的，因而不在我们心中刺激起那些观念来，并且不在任何方式下直接来影响我们，可是它们仍可以被上帝所感知，仍可以当做许多缘由，使上帝记忆起，在什么时候，并应用什么观念来刺激我们，因而使各种事物在恒常的、有规则的方式下往前进行。

71. 要答复这一点，我可以说，就这里所说的物质概念看来，我们的问题已经不是离了精神和观念，离了能知和被知以外，是否还有一种东西存在。我们的问题乃是，在上帝心中是否有我们所不知晓的一些观念，可以当做标记和符号，指导他在我们心中按照恒常的有规则的方法产生各种感觉。那就是说,上帝是否如一个音乐家似的,可以被音符所指导,产生一长串谐和的音,即所谓音调来(虽然听音乐的人看不见那些音符,并且完全可以不知道它们)。不过这种物质的概念,真是过于荒诞,不值一驳。此外,这个概念实际上也并不能反驳我们所说的,我们本来就说没有无感觉而不被感知的实体的。

72. 我们各种知觉之有条不紊很可以表示出上帝的仁慈来,不过这并不能证明物质的存在:我们如果顺从理性的光明,我们就可以根据我们各种感觉的恒常而一律的程序推知,把各种感觉在我们心中刺激起来的那个精神的仁慈和智慧。不过在我看来我们所得的结论,也只限于此。一个全知、全善、全能的精神的存在,就已经可以充分地解释自然中的一切现象。不过说到那种无活力无知觉的物质,则我所感知到的任何东西都和它没有任何联系。或者能使我们想到它。我很愿意看到有人能用物质来解释自然中最平凡的现象,或者把他所以主张有物质存在的任何稍为可能的理由提出来,或者使那个假设有任何说得通的意义。说到它之为缘由,则我想,我们已经明白指出,在我们方面,它不是缘由;因此,它如果是缘由,则它只有在上帝方面是刺激各种观念的缘由;而且这种说法究竟达到什么地步,我们方才已经看到了。

73. 我们可以稍稍想一下,人们所以要假设有物质的实体存在究竟是什么动机。在我们看到那些动机或理由逐渐消灭之后,我们也可以渐次收回根据那些理由而来的赞同。因此,第一点,人们曾想,颜色、形象、运动和其他可感的性质或偶性,都是真正在心外存在的。因为这种缘故,所以就似乎必须要假设一种不能思想的基质或实体，作为它们存在之所在，因为他们想，这些性质是不能独立存在的。第二点，随着时间的推移，人们虽然渐渐相信，颜色、声音和其他可感的第二性质已不在心外存在，因而他们就剥夺了这个基质或物质实体的那些性质，而将第一的性质如形象、运动等留下，而认为它们是在心外存在的，是需要物质的支柱的。但是我们既然指出，就是这些性质也不能在能感知它们的精神或心之外而存在，因此，我们已再没有任何理由来假设物质的存在了，不但如此，而且我们如果把物质一词，认为是指支撑各种偶性的一种不能思想的基质，并且以为那些性质是在人心以外、物质之中存在，则所谓物质之为物是根本不能存在的。

74. 唯物主义者虽然自己也承认，他们所以想到物质，只是要想拿它来支撑各种偶性的，这个理由现在既然完全不存在了，则我们正可以期望，人心会自然而不勉强地抛弃单单在那种理由上所建立的信仰。不过这种偏见已经在自己的思想中根深蒂固了，因此，我们就不知怎样才能脱离它，因而当事物本身不能成立时，我们也爱把其名称保留下。因为这种缘故，所以我们就把“物质”一词应用在莫名其妙的一种抽象的、不定的存在概念上，或缘由概念上，实则我们所以如此是全无理由的，至少据我看来是这样。因为我们在自己方面，并在借感官或思考印入心中的一切观念、感觉和概念方面，都看不到有什么东西，可以使我们断言，有一种无活力、无思想、不被感知的缘由存在。而且在全能全智的精神方面，我们还有什么根据可以相信，甚或猜想，上帝在我们心中刺激起观念时，是受无活力的缘由所指导呢？

75. 要主张物质的存在是观念的缘由，那是很荒谬的；这个无知觉、无思想的“莫须有”的东西，竟然遮蔽了人心，使它看不见上帝的意旨，并且使它远离了日常的事故，可是人心却居然对这种东西恋恋不舍。居然违反理性的一切证据来相信它。这一点很可以证明偏见的势力之强，这也是非常可悲的。但是我们虽然竭尽能力来保障物质的信仰，虽然在理性背弃我们时，我们仍只努力根据事物的单纯可能性，来辩护自己的意见，虽然我们不受理性的约束，尽想象的能事，来推求那种可怜的可能性；可是闹了半天结果只是：上帝心中有一些不可感知的观念存在。因为他们所谓缘由，在上帝方面，意义也就尽于此了。不过到了最后这就不是争执事物本身，而是名称的争执了。

76. 因此上帝心中究竟有无那一类观念，它们是否可以叫做物质，那是我不想辩论的。但是您如果坚持一个不能思想的实体，或支撑广延、运动和其他可感性的支托，那在我看来，一明二白是不可能有这种东西的。因为要说那些性质可以存在于一种不能感知的实体中，或为它所支撑，那是一个明显的矛盾。

77. 要说一个不被感知的基质可能存在，那是无意义的：不过您或者又会说，我们纵然承认，我们所感知的广延和其他性质（或偶性），没有无思想的支柱；但是或者有别的一些性质是我们所不能了解的，正如盲人之不能了解颜色似的（因为我们缺乏适应于它们的感官），因此，那些别的性质也或者有一种无活力无知觉的实体或基质。但是我们如果有一个新感官，则我们或者不会怀疑它们的存在，正如盲人能视以后，不会怀疑光和色的存在那样。不过我可以答复说，第一点，你如果以为物质一词是不被人知的性质的一种不被人知的支柱，那么那种东西存在不存在，都无关系，因为那与我们不相干。我们既不知道它是什么，又不知道它是为了什么，那么徒劳争辩有何益处呢？

78. 但是第二点，我们还可以说，纵然我们有一种新感官，它也只能供给我们以一些新观念，或新感觉。因此，我们仍然可以不承认它们是存在于一种不能感知的实体以内的，而我们所根据的理由，正如我们前边在形象、运动、颜色等方面所举出的那样。所谓各种性质，如前所说，只是一些感觉或观念，它们只能存在于感知它们的一个心中。这种说法，不但可以应用于我们现在所熟悉的观念，而且也可应用于一切可能有的观念。

79. 您或者又会坚持说：(1)我纵然没有根据来相信物质的存在，(2)纵然不能指示出它有任何功用，(3)纵然不能用它来解释任何事情，(4)纵然不能设想它有什么意义，但是我们仍可以说物质是存在的，而且这种物质仍是“一个一般的实体，或各个观念的缘由”。我们虽然很不容易揭示这些文字的意义，或给它们以任何特殊的解释，可是我这种说法也并没有什么矛盾。不过我可以答复说，各种文字在应用起来如果可以没有意义，那我们就可以任意堆砌它们，而不至陷入矛盾的危险。因此，您就可以说，二乘二等于七，因为您可以说，您并不取那个命题中所用文字的通常意义，而只把它们当做您所不知的事物的标记。根据同样理由，您也可以说，有一种无偶性、不活动、无思想的实体，是我们观念的缘由。可是如果这样，这两种命题就都不是我们所能了解的了。

80. 最后，您或者还会说，我们如果抛弃物质实体的主张，而只说物质是一种不可知的东西，既不是实体，也不是偶性，既不是精神，也不是观念，只是无活力、无思想、不可分、不能动、无广延而不存在于任何地方的一种东西——我们如果这样说，还不行么？因为你既然说，我们对于实体、缘由和任何积极的（或相对的）物质概念，所有的说法，都靠不住，那么我们就只好坚持物质的这种消极的定义了。不过我也可以答复说，如果您觉得合适，您就可以照别人用虚无（nothing）一词的意义来应用物质一词，并把物质和虚无两个名词互相掉换。因为在我看来，这就是那个定义的结果。我在专心考察这个定义的各部分以后（或通体考察，或分别考察），我并不曾发现在自己心上所产生的结果或印象有异于虚无一词在我心上所刺激起的印象。

81. 您或者又会答复说，在前述的定义中，已经含着本质（quiddity）、实体（entity）或存在（existence）的积极的、抽象的观念，因此，这就足以使它和虚无充分区别开来。我也切实承认，人们如果自夸有能力来构成抽象的、一般的观念，则他们谈起来也好像真有那样一个观念似的，据说那个观念是一个最抽象、最一般的概念，而在我看来，它乃是一切概念中最不可解的。我自然没有理由否认，有许多精神等级不同，才智各异，而且他们的官能在数目方面，在范围方面，也远过于造物主所给我的那些官能。因此，我如果以自己少数狭窄的知觉通路来决定最高主宰的无限能力，认为可以在他们心中印上一些什么观念，那确乎是愚昧不过，狂妄不过的。因为我们正可以承认，可能有无数种观念或感觉，其互相差异的程度，或与我所感知的观念互相差异的程度，正如颜色和声音之大不相同似的。不过说到那些可能存在的无数的精神和观念，我虽然可以直接承认自己理解的缺乏，可是一个人如果妄说离了精神和观念，离了感知和被感知，还有一个实体的概念或存在的概念，那在我看来，完全是矛盾，而且只是玩弄字面罢了。下边我们可以考察考察，在宗教方面，有什么反对我们的话。

82. 现在要答复根据《圣经》而来的责难：有些人或者以为，关于物体的实在存在，他们的论证本是由理性得来的。不过我们纵然不承认那些论证达到什么地步，可是《圣经》在这方面是言之确凿的，已经很可以使任何善良的基督徒相信，物体是真正存在的，并不只是一些观念。因为在《圣经》中所叙述的无数事实，已经分明假设木、石、山、河、城市、人体等都是实在的。不过我可以答复说，任何著述，不论它们是神圣的或是世俗的，只要它们所用的那些文字是指通俗意义言，或者稍有一点意义，则它们的真理不会为我们的学说所动摇。我们已经指出，按照我们的原则说来，各种事物，各种物体，甚至有形的实体，若照通俗意义解释，都是可以真正存在的；而且我们在前边也已经清晰地说明了事物和观念、实在和幻想的区别。不过我想，哲学家所说的物质，或心外对象的存在，《圣经》中没有任何地方提到。

83. 在语言方面，也没有站得住的反驳：不论有无外界事物，人们依然公认，文字的固有功用正在于标记我们的概念或我们所认识所感知的那些事物。因此，我们就分明看到，在我们所规定的那些基本原理中，并没有任何东西，和语言的正确功用和意义相矛盾，而且任何种可理解的理论也并不因此稍有变动。不过根据前边所说的话看来，这一点似乎是很明显的，因此，我们大可不必多事论证。

84. 不过，您或者又会说，按照我们的原则说来，所谓神迹至少失掉其大部分的重要性和意义。我们该如何设想摩西的手杖呢？（见《创世记》4 章 2 节）它真是变成蛇呢？还是旁观者的心中只有观念的变化呢？我们能说，救主在加诺的婚筵上（见《约翰福音》2 章 1 节），只是欺骗了众宾的视觉、嗅觉和味觉，来在他们心中创生了酒的现象或观念么？关于一切别的神迹，我们都可以如此说，按照我们的原则说来，它们都只是一些欺骗，或想象中的幻觉。不过我可以答复说，那手杖仍是变成了实在的蛇，那水仍是变成了实在的酒。这同我们在别处所说的话并无丝毫矛盾，你只要参阅 34 和 35 两节，就可以明白的。不过所谓“实在的”和“想象的”的区分，我们已经很明白地解释过，已经一再提示过，而且关于它的一些困难也很容易根据前边的话语来答复。因此，我们如果在这里再重新解释一下，那就太藐视读者的理解能力了。我只可以说，在座的人如果都看到、嗅到、尝到并且喝到所谓酒，感到酒的效力，则我并不怀疑酒的实在性。因此，归根到底，关于实在的神迹，按照我们的原理，是毫无疑义的，只有按照传统的原理，才有可疑之点。因此，人们的怀疑与其说是反对我们所说的，毋宁说是赞成我们所说的。

85. 前边基本原理的结果：前边我已经力求明白地把别人的责难叙述出来，并且尽力把它们的根据和力量都形容出来。现在我既然把它们都一一反驳了，那么我们就可以进而观察，我们的论点有何种结果。有些结果一看就可以看到，因为根据我们的学说讲来，人们一向所反复考量的那些晦涩的难题，完全被逐于哲学之外了。人们一向爱问：(1)有形的实体是否能思想？(2)物质是否是可以无限分割？(3)它是如何作用于精神上的？这一类的研究实在使古往今来的哲学家们大开其心。但是这些研究既然都依靠于物质的存在，那么，按照我们的原则说来，它们便不能成立了。此外，我们的学说，在宗教和科学方面，还有许多利益，任何人根据前边所说的，都可以推出这一点。不过在下文我们会较明显地看到这一点。

86. 除掉物质，则我们的知识就能得到确实性：由前边所建立的原则，就得出一个结论说，人类的知识可以自然分为两类，一为观念方面的知识，一为精神方面的知识。这两种知识，我将按次加以讨论。首先说到第一种观念，或不思想的事物，则我们在这方面的知识是很含混、很纷乱的，因为我们假设感官对象有两重存在(一为可理解的，是在心中的，一为实在的，是在心外的)，所以我们更陷于很危险的错误中。因为有这种假设，所以我们便以为不能思想的事物，就有一种不被精神所感知的独立的自然的存在。这个意见，如果我没有弄错的话，我已经指出是最无根据而且是最荒谬的意见，它正是怀疑主义的根源。因为人们如果相信有实在的事物存在于心外，并且以为自己的知识，只有在符合于实在的事物时，才是真实的，那他们当然不能确知自己有了任何实在的知识。因为我们如何能知道我们所感知的事物是和那些未曾感知到的事物相符合呢？是和存在于心外的那些事物相符合呢？

87. 我们如果把颜色、形象、运动、广延等等，只认为是心中的一些感觉，则它们是完全为人所知道的，其中并没有任何事物是不被感知到的。但是我们如果把它们认为是符号或映像，是与心外存在的事物或原型相参照的，我们就陷于怀疑主义中了。照这样，则我们所见的，只是事物的现象，而非其实在的性质。因此，任何事物的广延、形象或运动，究竟有何种绝对的真相或自身，那就不是我们所能知道的，而我们所能知道的，也就限于它们和我们感官所有的比例或关系了。照这样，则事物本身是不变的，所变的只有我们的观念，而且我们真不知那些观念或任何观念是表示心外真实的事物中的真正性质的，那是越出我们能决定的范围之外的。照这样，我们所见、所听、所觉的，或者都会成为幻象和空想，而完全不符合于自然法则中所存在的那些实在的事物。这种怀疑主义之兴起，只是由于我们假设，在事物和观念之间，有一种差异；只是由于我们假设，事物可以在心外不被感知而存在。我们本来很容易论证这个题目，并且指出，古今怀疑主义者所提供的论证，只是依靠于外物的假设上的。

88. 如果有所谓外界的物质，则各种事物的本性或存在都是不能为我们所知道的：我们如果认为不能思想的事物离开知觉而能有实在的存在，则我们不但不能明白知道任何实在的不思想的事物的本性；而且我们甚至于也不能确切地知道它是存在的。因此，我们就常见有些哲学家怀疑自己的感官，怀疑天和地的存在，怀疑他们所见或所触的一切，甚至于怀疑他们自己的身体。因此，在他们思想斗争之后，甚至不得不承认，我们对于可感物的存在毕竟不能得到任何自明的或能证明出的知识。但是我们如果使自己所说的话语稍有意义，并且不要以一些无所谓的名称，如“绝对”、“外界”、“存在”等来开心，那么这种迷惑人心、纷乱人心的怀疑，这种使哲学在世人眼前蒙受讥笑的怀疑，一定会烟消云散。我如果能怀疑自己凭感官所真实感知的那些事物的存在，则我也一样可以怀疑自己的存在。要说我们凭视觉或触觉所直接感知的任何可感的对象同时在自然中却没有存在，那是一个明显的矛盾。因为一种不能思想的事物的存在，正在于其被感知。

89. 事物或存在(thing or being)：要想立一个坚实的、健全的、实在的知识系统，并且以此系统为证明，来抵抗怀疑主义的攻击，最重要的步骤，似乎应该是在一开始时就清晰地解释一下“事物”、“实在”和“存在”三个名称的意义。因为我们如果不能确定那些文字的意义，则我们虽然争辩事物的实在存在，虽然自以为能对此得到任何知识，那也是白费的。所谓事物或实在乃是一种最一般的名称，它含着全然不同的两种异质的东西，而且那两种东西，除了名称之外，没有别的共同之点，这两种东西就是精神和观念。精神是能动的、不可分的(不可毁灭的)实体；观念是不活动的、迅速变幻的(易于消逝的情感)、有依赖性的东西，而且它们不能独立自存，必须为人心或精神的实体所支撑而存在于其中。我们所以能了解自己的存在，乃是凭借于内在的感觉或思考，我们所以能知道别的精神的存在，乃是凭借于理性。不过我们虽然可以说对心灵、对精神、对能动的东西有一些知识或概念，可是在严格的意义下，我们并不能对它们有任何观念。同样，我们对于事物间(或观念间)的关系，也有一种认识或概念，可是那些关系和在关系中的观念或事物，也并不一样，因为我们只感知到各种观念，而并不能感知到它们的关系。在我看来，观念、精神和关系，在其各自的范围中，正是人类知识的对象和谈论的题材；我们不应当把观念一词的含义不适当的扩大，使它表示我们所认识或对之有概念的任何事物。

90. 外界的事物或则是由别的心灵所印入的,或则是被别的心灵所感知的:印入感官的各种事物,都是实在的事物,或者说实在存在的;这一点是我们所不否认的。不过我们却不承认:(1)它们能在感知它们的心以外存在;(2)它们是心外存在的任何原型的肖像;因为感觉或观念的本质就在于被感知;而且一个观念只能同一个观念相似,并不能同别的东西相似。——再者,感官所感知的各种事物,若就其起源论,也可以说为外界的,因为它们不是由内面为心灵所产生的,乃是由异乎能感知它们的那个心的另一种精神来的。此外,可感的对象所以说是在心外存在,还有另一种意义,就是说,它们是存在于另一个心中的。因此,在我闭了眼以后,我以前所见的那些东西或许仍是存在的,不过它们却是存在于另一个心中的。

91. 可感的性质都是实在的:要设想我们这里所说的话有丝毫损及事物的实在性的地方,那实在是一种误解。按照公认的原则来说,广延、运动以及一切可感的性质,都需要一个支撑,因为它们是不能自存的。不过人们又承认,感官所感知的那些对象,也只是那些性质的集合体,因此,它们也是不能独立自存的。这都是人所承认的。因此,我们如果否认,感官所感知的各种事物,离了它们在其中存在的实体或支柱,还可以存在,那并不曾有损于一般人对它们的实在性所怀的意见,而且在那一方面,我们也并不曾犯了标新立异的罪过。所不同的只是:按照我们说来,感官所感知的不能思想的事物,并没有异于被感知的一种存在,因此它们不能存在于任何别的实体中,只能存在于无广延的、不可分的实体中或精神中，因为只有精神是可以能动、可以思想、可以感知它们的。至于通俗的哲学家则主张，这些可感的性质存在于一种无活力、有广延、无知觉的实体中；他们叫这种实体为物质，并且认为它在一切能思想的心以外，有一种自然的独立存在，而且以为它是异于被任何心甚或被造物主的永恒的心所感知的那回事的。他们只承认，有形实体的观念，是在造物主的心中所创造的——如果他们也竟然承认那些观念是被创造的话。

92. 无神论者的责难是不能成立的：我们已经指出，物质学说，或有形实体的学说，是怀疑主义的主要的支柱；同样，我们也可以说，无神论的反宗教的一切渎神的系统，也是建立在这个基础上的。不但如此，而且人们以为要想象物质可以由无中产生，那实在是困难的，因此，古代最著名的哲学家，甚至于主张有上帝的那些哲学家，也以为物质不是创造出来的，也以为它是同上帝同时存在的。物质的实体从来就是无神论者的莫逆之友，这一点是无须论证的。他们所有的一切妖妄的系统，都分明地、必然地依靠于物质的实体。因此，我们如果把这块基石一移掉，则全部结构只有垮台了。因为这种缘故，所以我们就无需乎单独来考察无神论者的各个可鄙教派中的种种荒谬主张了。

93. 宿命论者的责难，也是不能成立的：有些不虔诚和倾向于世俗思想的人们，易于赞成那些哲学系统讥笑非物质的实体，并且假设灵魂也如身体一样可以分割，易于腐蚀，它们认为事物的形成，完全无所谓自由、智慧和计划，它们只认为独立自存的、无知的、无思想的实体是一切事物的根源。主张此说的人们，都不承认有上帝，都不承认有超越一切的心灵能监视世界上一切事物，他们只以为一串串事情都是由盲目的偶然来的，或由命运的必然性来的，而且他们认为偶然和必然只是由物体之互相冲击来的。不虔敬上帝和亵渎神明的人们，是爱听这些理论的，因为这些理论正迎合他们的心情。这也是很自然的。不过在另一方面，主张正确原则的人们虽然原来看到这些宗教敌人过分着重这种不能思想的物质，而且他们全都用尽心思劳力把一切事物都归于物质，可是他们现在也终究看到这些敌人已失掉其有力的支柱，放弃其唯一的堡垒，因此，他们终于欢喜无量了。因为离了这个堡垒，你们这些伊壁鸠鲁、霍布士等信徒，便都无任何借口，只有成为世界上最无价值、最易得的胜利品了。

94. 偶像崇拜者的反驳，也是站不住的：物质的存在（或不被感知的物体的存在）不但是无神论者和宿命论者的主要根据，而且各式各样的偶像崇拜者也是依靠于这个原则的。人们如果知道日、月、星辰以及感官的其他对象，都只是人心中的一些感觉，除了被感知以外没有别的存在，那么他们一定不会跪在地上来礼拜他们自己的观念。他们也许只会瞻礼那个产生和维持万有的永久而不可见的精神。

95. 索西尼主义者（Socinians）[①]的责难也是不能成立的：这个荒谬的原则在和我们的信仰原则混合以后，对于基督教徒已发生了不小的困难。我们不是见索西尼主义者以及其他教派，关于复活和其他问题，提出了许多疑难和反驳么？不过他们那些最堂皇的责难不是建立在物质实体的假设上么？他们不是假设，物体的同一性不在于形象，不在于感官所知觉的，而在于形式变而实质不变的物质的实体么？关于物质的实体，人们对它的同一性实在发生了不少的辩论。不过我们如把所谓物质的实体去掉，并且以为物体一词只含着每一个普通人所指的意义，即以为它是直接所见所触的，以为它只是一些可感性质或观念的集合体，则他们的最难答复的责难也就根本不能成立了。

96. 驱逐物质后的总结：物质一被放逐于自然界以外，它就把许多怀疑不虔诚的概念以及无数迷惑人的争论和问题消灭尽净。这一类的概念及问题在神学和哲学方面，实在只是一些荆棘，它们给人类以不少无结果的劳力。因此，我们那些反驳物质的论证纵然尚不成为证明（在我看来确乎是证明），可是我相信，凡与知识、平安和宗教为友的人们，一定有理由盼望那些论证成为证明。

97. 除了人们所主张的知觉对象的外界存在以外，在完善的知识方面，还有一种最大的错误来源和困难来源，那就是所谓抽象观念的学说了（如绪论中所言）。世上那些最明显的事物和我们所最熟悉、最知晓的那些事物，抽象地看起来，乃是特别困难、特别不可解的。所谓空间、时间和运动，若看做特殊的、具体的，则它们是人人所知道的。不过它们若是一经过玄学家的手，它们便太抽象、太微妙，不是具有常识的人所能理解的了。您如果吩咐您的仆人，让他在某时某地会您，他并不会迟疑地来考究那些名词的意义；他在设想那个特殊的时间、地点和他到那里的运动时，并不感到一点困难。但是你如果取消了能分划一日的那些特殊的动作或观念，以为时间只是抽象的连续的存在（或绵延），甚至对于一个哲学家来说，也或许是难以了解的。

98. 难题：在我看来，时间之成立是由于在我心中有连续不断的观念以同一速度流动，而且一切事物都是和这一串时间有关的。因此，任何时候我如果想离开那一串观念来构成一个简单的时间观念，则我总会迷惑起来，陷于不可脱出的困难中。我对它全无任何观念，我只是听人说，它是可无限分割的，而且他们的说法使我对于自己的存在，不得不产生一些奇特的感想。因为那个学说使人绝对必然地想到：(1)自己过了无数的年代，却无一点思想；或者(2)自己一生中每时每刻都在被消灭的。这两种说法都是同样荒谬的。实在说来，离了心中观念的前后相承，时间是不能存在的，因此，任何有限精神的存在时期，应该以那个精神（或心）中前灭后生的那些观念或动作的数量来估定。因此，明显的结论就是：灵魂是永远在思想的。事实上，任何人如果想在自己的思想中把精神的存在和其认识(cognition)分离开，我相信他一定会看到那不是一件容易做到的事。

99. 同样，我如果抛开一切其他性质，而专来考察广延和运动自身，则我也会立刻看不到它们，并且会陷于很荒谬的见解。因此就发生了种种古怪的奇论：如说火不热，墙不白等，或者说，热和色都不在对象中，只有形象和运动。这些荒谬的见解都依靠于两重抽象作用。第一，人们假设，广延可以离开一切其他可感的性质；第二，他们以为广延的存在可以离开其知觉。但是人们只要肯想一想，只要肯来理解自己所说的话，则他会承认，（如果我没弄错的话）一切可感的性质都是感觉，都是实在的；而且他会承认，广延所在之处，也就是颜色所在之处，即是在他心中的；而且他会承认，那些性质的原型只能在别的心中存在；最后，他还会承认，感官的对象也只是由那些感觉组合而成、聚结而成、凝结而成的（如果我们可以这样说），而且这些性质没有一个能被假设为不被感知而存在的。

100. 离了一切特殊的快乐，要使一个人幸福，或成为幸福的人，离了一切的善事，要想一个人还能成为善人，那真是少有能够做到的。要照这样说，一个人虽没有确定的正义观念或道德观念，也一样可以成为正直的、有道德的了。人们既然以为那些文字是表示一些一般的概念，是离开一切特殊的人和行动的，那么这个意见似乎已经使道德学难以理解，并且使道德学的研究对人无大用处了。事实上，抽象观念的学说，实在是有损于许多有用的知识的。

101. 自然哲学和数学：自然哲学和数学是思辨科学中的两大部分，它们所研究的是由感官得来的各种观念及其关系。现在关于这两种学问，我要稍微一抒己见。首先我要考察所谓自然哲学。怀疑主义者在这个题目上是一向占上风的。他们所以贬抑我们的官能，所以说人类是无知的、低下的，这一大套论证的主要根据，不外是说，关于各种事物的真实本性，我们是全然盲目的。他们总爱夸张这一点，并且在这方面大鼓其如簧之舌。他们说，我们是可怜地受了感官的阻碍的，我们只能以事物的外表自慰。虽至最平凡的对象我们也难看到它的实在本质、内在性质和结构。在每一滴水中，每一粒沙中，都有一点东西不是人的理解所能测度、所能了解的。不过据前边所指出的看来，这一类怨叹都是全无根据的；而我们所以怀疑自己的感官，所以以为自己概不知道自己所完全了解的那些事物，只是受了虚伪原则的影响才产生的结果。

102. 此外，我们所以说自己不能知道事物的本性，最大的一个原因，就是现在人们都以为，每个事物都在自身含有其一切性质的原因；或者说在每个对象中，都有一种内在的本质，它的一切可感的性质都是以此为根源而流出的，都是依靠于此的。有些人曾经妄以神秘的性质(occult qualities)来解释各种现象，不过近代人们却多半把这些现象归于机械的原因，即归于不可感知的粒子的形象、运动、重量和其他类似的性质。不过考诸实际，除了精神并没有别的能动者或有效原因，因为我们知道，运动和别的一切观念，都是完全不能动的(参阅25节)。因此，人们虽然想以形象、运动和体积来解释颜色和声音的产生，每个人或许以为他知道是怎么一回事。不过要让他构成一个抽象的体积观念，那是白费力的。因此，我们常见这一类的企图是根本不能令人满意的。凡人们可以将此种观念(或性质)作为彼种观念的原因的那些例子一般说来都是这样。我相信我们如果采用我这个学说，我们就会废除掉许多假设和思辨，并且使自然的研究大为简便起来，不过这一点我们是不必多说的。

103. 吸引作用(attraction)只表示结果，并不表示方式或原因：现在通行的最大的机械原理，就是所谓吸引作用。有些人认为，石之落地，海之向月涨潮，就可以用此说充分解释。但是人们虽然告诉我们说，这是由吸引作用促成的，可是我们能由此得到任何启发么？这个名词是表示趋向的方式么？它是说这种现象是借互相吸引而不是借互相推动或冲击发生的么？不过这里的方式或动作并不是完全确定的，它固然可以叫做吸引，可是也一样可以叫做推动和冲击。又如钢的各部分是紧密团结在一起的，人们也拿吸引作用来解释它；不过在这方面也同在别的例证中一样，它除了指出结果本身而外，并不指示任何事情。因为说到产生它的那种动作的方式或原因，人们连想也不曾想到。

104. 我们如果观察某些现象，并加以比较，则我们会看到它们有一些相似相符的地方。就如在石的落地、海的向月，以及凝聚作用和结晶作用中，都有一些相似的情节，那就是说，各种物体都是互相凝聚，互相接近的。因此，一个人如果精密地观察过、比较过自然的结果，则这些现象在他看来是并不奇怪的，并不惊人的。因为，不寻常的事物，单独的事物，以及反乎寻常观察的各种事物，才被人认为是奇特的。因此，人们便不以为各种物体的向心力是奇特的，因为那些事物是我们时时所见到的。不过要说它们也有趋向月心的一种吸力，那在许多人看来，就似乎奇特而难解释了，因为那只是在潮汐时才能观察得到的。不过一个哲学家，却能思想到自然中较广的范围，却能在天上和地上都看到一些相似的现象，而且那些现象正可以证明有无数的物体都有互相接近的趋向，他给这种趋向定了一个一般的名称，管它叫吸引作用，而且任何东西只要能够归于吸引作用，他就以为得到了正确解释。因此，他就拿地球向月的吸力来解释潮汐，而且他看这种现象并不奇怪，并不反常，只认它为普遍的自然法则或规律的一个特殊的例证。

105. 因此，我们如果在人类对于现象所有的知识方面，来分辨自然哲学家和别的人们所有的差异，我们就会看到，他们的差异并不在于自然哲学者较精确地知道了现象的作用因（因为只有精神的意志才是作用因），而在于自然哲学者的理解较广，可以发现自然作品中的相似、谐和同符合，并且可以解释各种特殊的结果，那就是说，把它们还原于普遍的法则(参阅66节)。这些法则之成立，是由于我们见到各种自然结果产生时，有一种相似性和一律性，它们是很使人快意，并加以追求的。因为它们可以扩大我们的眼界，使我们超过眼前切近的事物，关于在很远的时间、地点可能已经发生的事情，作很可靠的推想，并把它们预言出来，这种趋向全知的企图，是人心所时时努力的。

106. 应用类似关系时，我们必须谨慎：不过在这一类事情方面，我们应该谨慎从事才好。因为我们往往过于着重各种类似关系，并且迎合我们的急性，把我们部分的知识，扩展成普遍的公理；那实在是有损于真理的。就如互相吸引作用因为出现于许多例证中，所以人们便一直认为它是普遍的；而且他们以为吸引他物的作用和被他物吸引的作用，乃是一切物体中所内在的一种重要的性质。不过各种恒星似乎并没有这种互相趋向的样子；并且，吸引作用不但不是一切物体的本质所在，而且在一些例证下，似乎还有十分相反的另一条原理出现，就如植物之向上生长和空气之可以伸缩便是。在这种情形下，并无所谓必然的和本质的；那只是完全依靠于主宰万有的精神的意志的。因为只有他可以看着方便行事，可以使一些物体按照各种法则凝聚在一块儿，或互相吸引；又可以使一些物体互相远隔；又可以给予另一些物体以互相躲避的一种完全相反的趋向。

107. 由前边所论述的看来，我想我们可以得到下边的结论。第一点，哲学家虽然于心(或精神)之外另求一种自然的作用因，可是他们这种开心的玩意儿是白费的。第二点，全宇宙既是聪明良善的动原的结晶，那么，哲学家似乎应当运用自己的思想，来研求事物的最后的原因(反乎一些人所主张的)。我承认,我并没有理由说,指出各种自然事物的终极目的,是不可以认为是解释它们的一种妥善方式,不是完全值得哲学家来从事的,因为造物主原来正是用说不尽的智慧照着那些目的把各种事物造成的。第三点,由前边所论述的看来,我们没有理由说自然史不是应该继续研究的,各种实验和观察不是应该继续做的。不过这些实验和观察所以能有利于人类,所以能使我们得到普遍的结论,那并不是各种事物的固定的性质(或关系)的结果,乃是上帝在管理世界时所本的仁慈心肠的结果(参阅 30 和 31 两节)。第四点,在精勤地观察了我们所见的各种现象以后,我们可以发现出普遍的自然规律来,并且由此推演出别的现象来。不过在这里,我们只可以说是推演,而不能说是证明。因为我们做所有这一类推演时,总是假设造物主的动作永远是一律的,永远是遵守着我们所认为原则的那些法则的,而这些法则,并不是我们所能明显地知道的。

108. 三种类比(说、写、读):人们虽然根据现象得到一般的规则,随后再根据那些法则推演出现象来,可是他们所考究的似乎只是一些符号,而非所谓原因。一个人纵然熟悉自然的符号,可是同时未必能知道它们的相互关系,因而不能(1)说出,一种事物之所以成为那样,是根据哪一条法则的。而且正如我们在过于拘泥一般文法的规则时,(2)写起文章来或者会不合体一样,所以当我们根据一般的自然法则来辩论时,我们也不是不可能把类比推得太远,并且由此陷于错误中。

109. 聪明人在(3)读别的书时,他会使自己的思想着重在意义上,并且利用那种意义;他不必对那种语言的文法结构加以分析。因此,在披阅这部自然的大作时,我们如果只是拘谨地把每一个特殊现象都还原于普遍的原则,或者指出,它是怎样由那些原则来的,那就失掉心灵的尊严了。我们应该有较高尚的见解,例如:(1)使它观察到各种自然事物的美丽、秩序和丰富多彩;借以安慰心灵,提高思想,并且借着适当的推论,(2)使我们对于"造物主"的庄严、智慧和仁慈,得到较丰富的概念;(3)最后,还要在我们能力所及的范围以内,使宇宙的各部分合于它们原来的目的——即赞美上帝,使我们自己以及同胞们能够存在,能够感到安适。

110. 对于上述的类比关系或自然科学,人们都会承认牛顿那部著名的"力学"是一把钥匙:在这部举世推崇的大著的开头,作者就把时间、空间和运动三者分为绝对的和相对的,真正的和虚幻的,数学的和粗俗的。按作者所详细解释的这点分别看来,他似乎假设:那些数量都是在心外存在的,而且我们平时虽然把它们和可感的事物联系在一起,可是就其本性而论,它们和那些可感物是全无关系的。

111. 牛顿把时间认为是绝对的、抽象的,认为是事物存在的绵延(duration)和持续(perseverance)。关于这一点,我在 97 和 98 两节已经说过了,所以也就没有再加以补充的必要。说到别的,则这位著名的作者又主张说,有一个绝对的空间,是不为感官所感知的,其本身永远是一律的、不动的。相对的空间乃是绝对空间的量度,它是被动的,而且它的位置是被可感的事物所确定的,不过一般人却误认它是不动的空间。至于场所(place)则按他的定义说是任何物体所占有的空间部分。至于场所之为绝对为相对，则看空间之为绝对为相对而定。所谓绝对的运动，就是指一物体之由一绝对场所至另一绝对场所的运动而言，正如相对运动是指由一相对场所至另一相对场所而言似的。不过绝对空间的各部分既是我们的感官所感觉不到的，那么，我们就不得不用它们的可感的尺度，依据一些我们所认为不动的物体来决定场所和运动。不过他说，我们在哲学方面必须排斥感官，因为那些似乎是静止的物体，实际上也许没有一个是如此的，而且同一相对运动的东西，可能实际上是静止的。因此，同一物体也许会按其场所的不同的规定，在同时有相对的静止和运动，甚至同时有相反的相对运动。不过这一切分歧的意义，只可以在假象的运动中看到，至于在真正的、绝对的运动中则看不到，因为这种缘故，所以我们在哲学中只应考究绝对运动。至于真实的运动所以与假象的或相对的运动有别，则凭下述的性质。第一点，在真正的或绝对的运动中，各部分在全体中的位置如果是不变的，则它们是跟着全体的运动而运动的。第二点，场所如果移动了，则在场所中的物体也要移动；因此，一个物体如果在运动的场所中运动，则它也必参与它那个场所的运动。第三点，只有在物体本身受了压力时，真正的运动才能产生，才能变化。第四点，在运动中的物体，如果受了压力，则真正的运动总是跟着变化的。第五点，在单纯相对的环形运动中，并没有离心力，可是在真正的、绝对的运动中，离心力是和运动量成比例的。[②]

112. 运动不论是实在的或假象的，都是相对的：不过牛顿虽然如此说，我却看不出能够有任何不是相对的运动。因此，我们要想来设想运动，至少我们应想到有两个物体的距离和位置是有了变化的。因此，如果只有一个物体存在，则它干脆就不能运动。这一点，似乎是分明的，因为我所有的运动观念必然包含着相对的关系。

113. 假象的运动是不存在的：在每一种运动中，我们虽然必须设想有两个物体，可是运动的物体或者只有一个，那就是说，或者只有一个物体受了能引起距离变化的那种力，或者说，那种力只有对一个物体才起了作用。有些人给相对运动下定义说，一个物体只要改变了同别的物体的距离，则它可以说是被运动的，不论能引起那种变化的力量或动作对于它是否产生了作用。不过相对运动既是感官所感知的一种运动，而且是日常生活中所能见到的，那么，凡有常识的人似乎都应该同最深奥的哲学家一样知道它。那么，我就可以问任何一个人，在此处所说的运动意义之下，他在行经街道时，他所走过的那些石头是否可以因为它们同他的足的距离已经改变了，就说是运动的呢？在我看来，运动一词虽然包含着此物与彼物的关系，可是关系中的每一项却不必因此说都是运动的。正如一个人可以思想不能自己思想的东西，同样一个物体也可以向着或背着另一个物体运动。而那另一个物体并不因此就是运动的。

114. 场所的定义如果改变了，则与场所相关的运动也就要跟着变化。一个人在船上，对于船边说，可以说是静止的，可是对于陆地说，又可以说是运动的。在此一方面它运动起来可以说是东向的，在彼一方面，又可以说是西向的。在日常事态中，人们在给任何一个物体的场所下定义时，往往以地球为限。因此，一个物体如果对地球方面说是静止的，人们就认为它是绝对静止的。不过哲学家既然有较广的思路，而且对于事物的系统有较正确的概念，因此，他们又发现了地球本身也是被动的。因此，为确定他们的概念起见，他们似乎以为有形的世界是有限的，并且以为世界最靠边的围墙或壳套就是他们计算真正运动时所依据的标准场所。我们如果考虑一下我们自己的概念，我想就会看到：我们所能构成观念的任何绝对运动，实质上只是在此种意义下所确定的相对运动。因为我们前边已经说过，绝对运动离开一切外在关系，是不可想象的。在我认为上面提到给予绝对运动的那些性质、原因和结果，对于这种相对运动来说，如果我没有弄错的话，是没有什么不同的。至于说到牛顿关于离心力所说的话，就是说它完全不属于相对的环形运动；则他虽然拿实验来证明这一点，在我看来，他这个结论并不能由那个实验得来。[可参阅牛顿的《自然哲学的数学原理》(*Philosophiaie Naturalis Principia Mathematica*)定义八之注]。因为水盂中的水在他说有最大的相对的环形运动时，在我看来，它完全不曾运动。这一点，由前一节就可以看到。

115. 因为要说一个物体是被运动的，第一，它必须改变对于别的物体的位置或距离，第二，必须施于能引起那种变化的力量或动作。这两个条件如果缺少一个，我们要说一个物体是在运动的，那就反乎人的常识，而且不合于语言的常规了。我诚然承认，我们在看见一个物体同别的物体的距离改变了以后，虽没有力施于它，它也可以说是被运动的(在这种意义下，可能有假象的运动)，不过我们所以如此说，只是因为我们想象，能引起那种变化的力，是加于或印于我们所认为运动的那个物体上的。不过这一点只能指出，我们会把不曾运动的物体误认为是运动的；它并不曾证明，在普通的运动意义下，一个物体只因它与别的物体距离变了，就是被运动的。因为我们如果未被迷惑，如果知道运动的力并未传递到它上边，我们就不会再说它是被运动的了。在另一方面，我们也可以想象只有一个物体存在，而且其各部分保持着固有的位置。有的人以为它和别的物体虽然无距离或位置的变化可言，可是它也可以有在各方面被运动的可能性。是的，他们的意思如果只是：别的物体一产生了以后，立刻就可以发生一种力加于那个物体，使它产生某些一定数量和方向的运动来，那么我们也并不否认那个物体是被运动的。不过要说那个单一的物体，能离开所受之力或产生场所变化的那种力（在有别的物体来确定它时），而发生真正的运动，我必须承认那是我所想象不到的。

116. 任何纯粹空间的观念都是相对的：由前边所说的看来，运动的哲学含义并不含有绝对空间的存在，即是说并没有离开感官知觉而和各种物体绝缘的所谓绝对空间。在人心以外，并无所谓绝对空间，这一点根据我们前边证明感官的其他对象时所用的原则，就可以看得明白。在严密地考察之后，我们或者会看到，我们甚至不能构成一个离开一切物体的纯粹空间观念。这在我看来似乎是不可能的，因为它是一个最抽象的观念。在我使身体的任何部分发生运动时，如果那种运动是自由的，没有遇见阻力的，则我说那里是空间，但是我如果遇到阻力，则我又说那里有物体。按照运动所遇的阻力之或大或小，我们可以说空间是较为纯粹的，或较不纯粹的。因此，在我说纯粹空间时，人们不要以为空间一词表示着一个异于物体和运动并离开它们还能想象的观念。我们往往以为每个名词都表示着一个独立的观念，以为它同别的观念都可以绝缘，这实在是许多错误的原因。因此，我如果假定（除了我的身体以外），在一切都消灭了以后，还有一个纯粹空间，则我的意思也只是说，我的身体的各肢体可以在各方面移动，而毫无一点阻力。不过我的身体如果也消灭了，则无所谓运动，也就无所谓空间。有人或者以为视觉可以供给他们以纯粹空间的观念。不过由我在别处所说的话看来，我们知道，空间观念和距离观念都不是由那个感官来的（参阅《视觉新论》）。

117. 学者们关于纯粹空间的本质，虽然一向有许多争辩和困难，可是我们这里所立的原则，似乎可以使它们都消除了，我们的学说的主要优点，在于我们由此避免了一种很危险的难关。一般人在思想这个题目时，往往想象自己陷于进退两难的地步，要么不认为实在的空间就是上帝，要么就认为在上帝之外，还有一种永久的、自存的、无限的、不可分的、不可变的东西。这两种概念实在都应当认为是有害的、荒谬的。曾经有不少知名的神学家和哲学家，因为自己难于设想空间的极限和消灭，因此，他们便断言空间是神圣的。近来有些人还特地指出，上帝的特有的属性，正是和空间相符合的。这一类学说，虽然极有污于神圣的本性，但是我们如果仍然固执传统的意见，则我们是不会把它清除的。

118. 抽象作用的学说和外物存在的学说，引起了不少错误，数学的推论也受了它们的影响：我们前边已经讨论了自然哲学。现在我们可来考究那另一支派的思辨知识——数学。各种数学所有的明白的证明，是在别的方面所不易找到的，因此，它们当然是值得赞许的。不过在它们的原则中如果隐伏着一种秘密的错误，而且那种错误是数学大家和其余的人所共有的，则我们并不能假定数学是完全无误的。数学家的定理虽是从极其明显的基本命题中推演出来的，可是他的第一原则却被数量的考虑所限制了。他们并不曾上升一步来考察那些能影响一切特殊科学的超越的公理，因此，那些公理如果一有错误，则各种科学便也跟着错误，数学也并不能例外。我们并不否认数学家所建立的原则是真实的，而且他们由这些原理所做出的演绎，是明白的、无可辩驳的。不过我们可以说，可能有些错误的基本原理，范围要比数学的对象为大。因为这种缘故，所以在数学的全部进程中，人们只默然地假设了它们，却不曾明白地表示出来。不过那些秘密的、未经考察的错误，实在是满布了各门数学的。说得明白一点，就是，我们正猜想，数学家也同别人一样，也是主张有抽象的、普遍的观念的那个学说，也是主张心外有物体存在的，因而也就陷于由这两种学说所产生的错误中了。

119. 人们一向以为数学的对象就是抽象的数观念。他们以为要理解这些观念的各种性质和互相关系，正是思辨知识中的重要部分。那些思想极尽精微高明的哲学家，以为抽象的数有一种纯粹的、智慧的本性，因此，他们就很敬重那些数。他们因为有这种意见，所以他们认为在数学方面最无意义的思辨也是有价值的，实际上那些思辨原是无实用，只不过使人开心罢了。有些人因为受了这种意见的坏影响，因此，他们竟然梦想，在数中会有极大的神秘，而且他们还竟企图以数来解释自然的事物。但是我们如果研究自己的思想，并且考虑前边所论述的，则我们或者会鄙视那些玄虚抽象，或者只认为关于数的一切研讨是一些难懂的玩意儿(difficiles nugæ)，因为它们不适用于实践，不会对生活提供什么好处。

120. 在第 13 节中我们已经考察过抽象的单一体。由那里所说的以及在绪论中所说的看来，分明可以断言，并没有那样一个观念。数既是单一体的集合体，因此，我们可以断言，如果无所谓抽象的单一体，则数的名称和形象，就不能标记抽象的数观念。因此，数学理论如果脱离了一切名称和形象，如果脱离了一切效用和实践，如果脱离了具有数的一切特殊事物，则那些理论便不能再假设为有自己的对象。由此我们就看到，数的科学是完全受实践所支配的，而且它如果只被看做是一种空洞的思辨，它就成了无意义的玩意儿。

121. 不过有的人以为自己发现了抽象的真理，并且炫惑于这种堂皇的景况，把自己的时光都消耗在全无实用的那些数学的定理和问题上，因此，我们正不妨更充分地来考察、来揭露他们这种妄图的毫不济事。我们如果观察数学的初生时期，观察什么原因曾使人来研究那种科学，并且观察人们在何种范围内应用那种科学，我们立刻会看到，数学家的妄图毫不济事。我们自然容易想到，人们为了记忆方便，帮助计算起见，会应用一些砝码，或在写算时应用一些单一的笔画、点等，使它们各自表示一个单位，亦即使它们各自表示他们自己所要计算的任何东西。后来，他们又找到一些较简便的方法，他们又会用一个字来代替数画或数点。最后，印度或阿拉伯的记数法又通行起来。他们只重复少数的字或号码，并且按照各号码的地位把它的意义改变了，就会把各种数目表示出来。这种方法正似乎是由模仿语言来的。因此,我们就看到,号码的记数法和名词的记数法是确实相似的。前一方面标记数的名称和位置的那九个简单的号码,正和后一方面九个数的名称相称。此外,人们还按照号码的简单的和位置的两重价值,根据各部分数目的号码或标记,想办法知道何种号码如何安置,就可以表示全体的数目(如加法和乘法)。同样也可以根据全体数目的号码,想办法知道何种号码如何安置,就可以表示部分的数目(如减法和除法)。在找寻出所求的号码以后,人们如果能前后一贯地遵守着同一的规则,他们就会把那种号码读成语词,因此,就可以完全知道那个数。因为我们所以说自己知道任何一些特殊事物的数目,正是因为我们知道代表它们的(按照一定规则)那些排列成序的名称或号码。我们知道这些记号之后,我们就可以借数学运算,知道它们所标记的特殊(具体)总量中任何部分的记号。因此,我们只计算号码,就可以正确地总结、分割、分配我们所要计算的各种事物自身。因为在各种记号和一大堆各别的事物单位(每一事物是一单位)之间,已经确立了一种联系。

122. 因此,在算学中,我们只管记号而不管事物本身,不过我们所以注意这些记号,却不是为了它们自身,乃是因为它们指导我们在各种事物方面如何行动,如何正确地对待它们。人们在这里恰好也以为数学的名称或记号,只表示着抽象的观念,并不在我们心中提示出特殊事物的观念来;这种意见正和我们在前(绪论 19 节)总论文字时所提到的那个意见一样。在目前,我并不想更详细地考察这个题目;我只说,由前边所说的看来,被人认为是有关数的那些抽象的真理或定理,究其实际,它们所研究的对象不外乎离不开能列数的特殊的事物的那些名词和符号；不过人们所以要考察它们，只是因为它们是一些符号，只是因为它们能表示人们所要计算的任何特殊的事物。因此，就可以断言，我们如果为符号而研究符号，那就不聪明了，而且无意义了，那正如一个人忽略了语言的真正功用或原始意义，而只是费上许多时间，来毫不相干地批评各种词句或纯字面上的各种推理和争论似的。

123. 已论过数，我们可进而再论广延。相对的广延，就是几何学的对象。说到有限广延的无限可分割性，则在几何学的基础中，人们虽然未曾把这条原则明白确定下来，当作公理或定理用，可是在全部几何学中，人们始终都假设了这种原则，并且以为它和几何中的原则同证明有一种不可分离的、本质的联系，因此，一切数学家都丝毫不曾怀疑它，把它当作问题。人们因为有这个概念，所以在几何方面就发生了许多开心的怪论，而且这些怪论是同人类的明白常识显然相反的。只要人心还未曾被学识引到邪路上去，则它就不甘心接受它们。这个概念还不只是这些怪论的来源，而且它还提出了许多精微而极端的机巧，使数学的研究倍觉困难而可厌。因此，我们如果能使人知道，没有有限的广延包含着无数的部分，是可以无限分割的，则我们立刻会使几何学免除一向被人认为触犯人类理性的许多困难和矛盾，并且会使人在学几何时比一向要费较少的时间和辛苦。

124. 可以作为思想对象的每个特殊的有限的广延，只是在人心中存在着的一个观念，因此，它的每一部分都是可以被人感知到的。因此，我如果在所考察的有限广延中见不到无数的部分，则它们确实是不包含在其中的。不过显而易见，在我的感官所感知的或心中所造作的任何特殊的线、面、立体中，我并不能分辨出无数的部分来，因此，我就断言，那些部分并不包含在它们里面。我们看到的广延很明显是我自己心中的观念，而且我也同样分明不能把任何观念分化成无数别的观念，也就是说，它们不是可以无限分割的。如果人们说有限的广延并不是有限的观念，则我声明我真不知道它是什么东西，因此，我也不能说它有某种性质，或无某种性质。但是广延、部分等名词如果稍有任何可想象的意义，也就是说，如果就是观念，那么我们如果说有限的广延或分量可以包含着无数的部分，那就是一种极其明显的矛盾，使任何人一看之后马上就可以断定它是矛盾的。任何有理性的人，都不会同意这个说法；只有它在慢慢习非成是以后才可以相信它，但是那只不过如归化了的异教徒之相信变体学说（transubstantiation）罢了。年久的根深的成见，往往被人认为是原则；各种命题只要一度被人认为是原则。只要它们有了原则所有的力量和权威，则人们不只以为它们是可以免于一切验证的，而且以为凡由它们所推得的结论都是可以不受验证的。照这样，则任何荒谬的意见，人心都可以轻易相信了。

125.（1）人的理解如果为抽象的一般观念的学说所盘踞，则他可以相信，不论感官观念是怎么样的，抽象的广延一定是可以无限分割的。（2）其次，一个人如果以为感官的对象是在心外存在的，则他也许竟会因此相信虽即一吋长的线也含着实际存在着的无数的部分，只是它们太小不易分辨罢了。这一类错误在几何学者和别的人心中，都一样根深蒂固，而且在他们的推论中，都一样有影响。在这里，我们原不难指出，几何中所用以证明广延之无限可分割性的那些论证，为何都是由这一类错误来的。不过我们现在只将一般地考察，数学家为什么要坚持、要喜爱这个学说。

126. 在别处我们已经讲过，几何中的公理和证明是论证普遍观念的（参阅绪论 15 节）。在那里我已经解释过，我们应该在何种意义下来理解这种说法，就是说，图解中所含的那些特殊的线和形象，人们以为它们是表示着无数别的大小不同的线和形象的。换句话说，几何学家是认为它们可以和其体量分离的。不过这并不是说，他构成了一个抽象的观念；只不过是说，他并不注意它们的体量之大小，只认为那与证明并无关系罢了。因此，在图解中一英寸长的线，我们也得当它是包含着一万个部分的，因为人看它不是看它本身，而是把它当做普遍的。不过它的意义我们只能这样来了解它是普遍的，就是它能代表比自身大的无数的线；因为这种缘故，它纵然不及一英寸长，我们也可以在其中分辨出一万个或更多的部分。照这个方式，被代表的各条线的性质便借一个很平常的形象，转移在代表它的符号上，因此，人们就误认代表符号本身也有那种性质了。

127. 由于一条线可以包含数不胜数的部分，因此，一吋长的线就可以说包含着超过任何确定数的部分。不过这种说法并不能应用于一条绝对的自存的一吋长的线，只能适用于一吋长的线所表示的那些东西。不过人们在思想中，并不曾常常记着这种区分，因此，他们便径直相信，纸上所画的那条特殊的短线，其本身就包含着无数的部分。所谓一吋的万分之一并无其物，不过一哩或地球直径的万分之一，却仍可以为一吋所表示。因此，我如果在纸上画一个三角形，并且以不足一吋长的一边为半径，则我可以把它看作是分为一万或十万个部分。因为那条线的万分之一，在其本身虽然并不存在，而且我们把它忽略了，也并不至发生错误或不利，不过所画的这些线，既是表示较大分量的一些标记，而且那些分量中的万分之一也许就是很重要的，因此，在实践上为了避免重大错误起见，我们一定要把那个半径认为是含着一万个部分或较多部分的。

128. 可以无限分割的线：由前所说，我们看到，要使几何定理在应用上成为普遍的，为什么我们必须权且说纸上所画的线含着它实际所不含的那些部分。但是对于这种说法，我们如果彻底考察一下，则我们或者会看到，我们并不能设想一吋本身会含着一千个部分，或可分为一千个部分。我们只能设想有比一吋还大的别的线是可以分为一千个部分，而被一吋长的线所表象的。因此，当我们说一条线是可以无限分割的时候，则我们的意思一定是说它是无限大的。我们这里所说的，似乎就是人们以为在几何中必须假设有限广延的无限可分割性的主要原因。

129. 这个虚妄的原则既然发生了许多谬论和矛盾，因此，人们会以为这就把它证明得不能成立了。但是我不知道人们凭什么逻辑却主张说，我们并不能用后验的证明来反驳关于“无限”的各种命题。他们好像以为无限的心灵是不可以调和各种矛盾的。他们又好像以为任何荒谬而矛盾的事物，都是和真理有必然联系或是由真理得来的。但是不论谁，只要一考察这种妄词之脆弱无力，他就会看到，人们故意造作这种妄词，只是用来慰藉自己懒惰的心地罢了。因为他们似乎只愿意安心于懒惰的怀疑主义，却不愿意费辛苦来严格地考察自己所妄认为真实的那些原则。

130. 近来人们关于无限性的思辨风行一时，发展成为奇特的概念，以至当代几何学者在这方面发生了不少猜想和争辩。有些著名人士，不止主张说，有限的线可以分成无数的部分，而且更进一步主张说，那些分割后的微量，各自又可以分割成无数别的部分（或分为第二级的微量），如是一直进至无穷。这些人申言，微量的微量复可分为微量，永远是无止境的。因此，按他们说来，一吋中不只包含着无数的部分，而且含着无数部分的无数部分的无数部分，如是一直可进至无穷的地步。不过别的人却主张，在第一级以下的各级微量，便等于无物；他们以为（这是很合理的），要想象任何积极的数量或广延部分，在无限重复以后，却不能等于最小可见的广延，那是很荒谬的。但是在另一方面，我们如果以为正数根的自乘、三乘或其他乘方，会等于虚无，那也是一样荒谬的；不过人们既然主张有第一级的无限微量，则他们虽否认后来各级的微量，他们也不得不主张说，任何正数的自乘、三乘或其他乘方会等于虚无。

131. 数学家的责难及我们的答复：既然如此，那么我们不是可以断言，他们两派都错了么？我们不是可以说，事实上并没有无限小的部分，而且任何有限的数量都不能包括无数部分么？不过您会说，这个学说如果是正确的话，则几何学的基础就会被拆掉了：而且那些大人物虽把那个科学提到那样惊人的高度，实则只是建立了一套空中楼阁。但是我们可以答复说，按照我们的学说讲来，几何中有用的地方，有益人生的地方，仍是一样稳固不可动摇的。我们若从实践方面着想，则那个科学只能从我们的说法得到利益，绝不会蒙受不利。不过要想使人明白地看到这一点，那应当另立专题来研究。至于在别的方面，我们虽然承认，思辨数学中的错综微妙的部分可因此剪裁掉，可是这无损于真理，也无害于人类。相反这不但是无害的，而且我们正希望，天赋高、用力勤的人们，还可以不注意于那些开心的玩意儿，只用思想来研究那些贴近人生的事物，那些直接能影响行为的事物。

132. 数学家的第二责难及我们的答复：人们或者又会说，数学中有些分明真实的定理，我们在发现它们时，在所用的方法中，是应用微量学说的，因此，那些微量的存在如果含着矛盾，则我们便不会把那些定理发现出来。不过我可以答复说，在彻底考察之后，我们将会看到，在任何例证中，我们都不会发现必须应用或设想有限的线段的极微部分，甚至于不必应用或设想小于最小视觉点的任何数量。不但如此，而且人们显然就不曾如此做过，因为那根本是不可能的。

133. 我们的学说纵然只是一个假设，我们也该因其良好的结果加以重视。由我们前边的论述看来，我们可以知道，有很多重要的错误是由我们在前几部分所驳倒的那些虚妄原则来的。同时，我们又看到，反对那些错误教条的各种原则，又是极其富有效果的，因为这些原则正可以产生出有益于哲学和宗教的无数结果。具体说来，我们已经指出，物质或有形对象的绝对存在，正是一切知识（不论是世俗的或神圣的）的公然而有害的大敌所盘踞的堡垒，所凭借的营寨。的确，如果把不能思想的东西的实在存在和其被感知一事分开，并且承认它们是在精神的心灵以外的一种实体，那么(1)宇宙中任何事物，都不因此得到说明，而且许多不能解决的困难反由此而起。(2)如果物质的假设是纯粹任意的，并不曾有一种理由来做它的基础。(3)它的各种结果也经不起自由考察的光明，只能以黑暗的一般的口实，说有不可了解的无穷量来掩盖自己。(4)如果我们把这个物质除去，并没有什么坏的结果，世上并不需要它，而且离了它，我们也一样可以设想各种事物，或者更容易设想各种事物。(5)如果我们假设只有精神和观念(此外再无别的)，则怀疑主义者、无神论者便都会永远闭口无言，而且这个事物系统也都完全符合于理性和宗教。那么，我想，我们可以期望我所提出的学说纵然只是一个假设，而且我们纵然承认物质能够存在(这一点，我想我们已经证明出它不是如此的)，人们也应该承认我的学说，并且坚决地信仰它。

134. 真的，根据我们前边的原则说来，人们所认为学术的重要部门的那些争论和思辨，都被我们认为无用，而加以排斥了。但是人们如果已经习惯于那一类的研究，并且在其中有了大的进步，则他们会对我们的概念发生很大的误会。但是我希望别人不要因为我这里所建立的原则，节省了研究的辛苦，并且使人类的科学比以前较为明白、较为简捷、较为容易成功，就以此为正当的理由来厌恶我的原则。

135. 关于我们在观念方面所有的知识，我所想说的话也都说了。其次，按照我们所拟定的步骤，我们就该来讨论精神。在这方面，人类的知识或者不如一般人所想象的那样有缺陷。人们所以认为我们不知道精神的本性，最大的理由就是，我们对精神不能有任何观念。不过人的理解虽不能感知到精神的观念，可是我们并不能认为这是它的一个缺点，如果事实上显然就不能有任何这种观念。这一点我想我在27节中，已经证明出来了。不过我还可以补充说，精神既是不能思想的事物或观念在其中存在的唯一的支柱和实体，那么，要说这个能知觉、能支撑各种观念的实体，本身也是一个观念或类似一个观念，那就显然很荒谬了。

136. 责难——答复：人们或者会说，我们因为缺少一个特殊的感官（如有人所想象的），所以我们不能知道实体。假如我们有那个感官，则我们或者能知道我们的灵魂，正如知道一个三角形似的。不过我仍可以答复说，假如天赋我们以一种新的感官，我们也只能由此接受到某种新的感觉，或感官观念。不过我想无人会说，他所谓灵魂同实体二词，只是指一些特殊的观念或感觉而言。因此，我们就可以推论说，在适当地考察了各种事理以后，我们正不能因为自己的各种官能不能供给我们以精神的观念或能动能思的实体观念，就说它们是有缺点的，这个正如我们不能因为它们不能设想圆的正方形，就抱怨它们似的。

137. 人们因为主张精神可以如观念或感觉似的为人所认识，因此，他们对于灵魂的本性，便发生了许多荒谬的异端邪说，并且产生了重大怀疑主义。不但如此，这个意见还使人有些怀疑，离了自己的身体，是否还有任何灵魂，因为在一考察之后，他们看不到自己有那样一个观念。不过一个观念既是不能动的，而且它的存在只在于其被感知，那么，人们要说它能成为自存的动因的肖像，则我们也无须乎用别的理由来反驳他们，我们只根据那些文字的意义来反驳他们就够了。不过您或者又会说，一个观念，在思想、动作或自存方面，虽然不能和精神相似，可是它在别的方面，仍然可以相似，而且一个观念或影像，也不必在一切方面都与其原型相似。

138. 我可以答复说，观念如果不能在所提出的那几方面来表象精神，则它也不能在别的方面来表象它。我们如果把能意欲能思想和能知觉的观念的能力去掉，则更没有别的东西可以使观念和精神相似。因为我们所谓精神，只是指能思想、能意欲、能知觉的一种东西而言。这一点，而且也只有这一点，才构成了那个名词的意义。因此，那些能力如果不能丝毫为一个观念所表象，我们显然就没有精神的观念。

139. 不过人们又会反驳说，灵魂、精神和实体三个名词如果不表示任何观念，那它们就完全不重要和无意义了。我可以答复说，那些文字实在也指着一种实在的事物，可是那种事物，既非观念，也不与观念相似，它乃是能感知观念、能意欲、能对观念进行推论的。什么是我“自己”？“我”之一词所表示的，正同灵魂的意义或精神的实体的意义一样。人们或者会说，我们这只是争辩一个名词，而且人们既然都承认，别的名称的直接意义都叫做观念，则我们便没有理由说：精神或灵魂一词所表示的东西，不能如此称呼。我可以答复说，人心的一切不思想的对象都一样是完全被动的，而且它们的存在只在于被感知。至于灵魂或精神，则是一个能动的东西，它的存在并不在于被感知，乃在于能感知观念，并且在于能思想。因此，为了防止意义双关起见，为了避免把本性完全不同的事物混淆起见，我们应当把精神和观念加以区别才是（参阅 27 节）。

140. 我们的精神观念：在较广的意义下，我们也可以说对精神有一个观念或者不如说有一个概念；那就是说，我们也知道那个名词的意义，否则我们便不能说它有无某种性质。此外，我们既然借自己的观念来设想别的精神的心中的观念，而且以为我们的观念就是他们的观念的肖像，那么，我们也可借自己的灵魂来认识别的精神。在这种意义下，我们的灵魂就是别的精神的肖像或观念；它之同别的精神的关系，正和我所感知的蓝和热同别人所感知的那些观念的关系一样。

141. 按前边的原则说来，灵魂之自然不灭性，乃是必然的结果：人们不要以为主张灵魂有自然不灭性的那些人，同时也主张灵魂是绝对不能消灭的，甚至于不能为原来生它的造物主的无限权力所消灭的。他们并不如此主张，他们只是说，灵魂是不能为普通的自然规律或运动规律所打破、所毁灭的。人们如果主张，灵魂只是一种稀薄的、有生气的火焰，或是元气的一种组织，那他们就使灵魂和身体一样易于消灭，易于解体。因为这种东西是最容易消散不过的，在它所住的那个躯壳消灭以后，它自然不能继续活着。最堕落的人们最爱信服这个概念，把它作为最有效的解毒药，用以消灭一切道德印象和宗教印象。不过在前边我们已经证明，各种物体不论组织如何，都只是人心中一些被动的观念，而且人心与这些观念的距离和差异，较光明与黑暗尤为显著。我们已经指出，灵魂是不可分的、无形体的、无广延的，因此，也是不能毁灭的。我们分明看到，自然物体时时所发生的运动、变化、败坏、解体（这些作用就是自然的进程），都不能丝毫影响能动的、简单的、非混合成的实体。因此，这个实体并不能以自然的力量来分解，那就是说，人的灵魂在自然方面是不灭的。

142. 由前边所说的看来，我想已经可以分明看到灵魂之被人认识，和无知觉、不能动的物象之被人所认识，方式不是相同的，那就是说，它不是能被人借观念认识的。精神和观念是完全不同的两种东西，因此，我们如果要说“它们存在，它们被人知道”等等的话，则人们不要以为这些话就表示这两种东西有相同的成分。它们完全没有相似之点和共同之点。要希望，我们的官能加多以后，扩大以后，我们就可以知道一个精神，就如同知道三角形似的，那是很荒谬的，那正如我们想看到一个声音似的。我所以一再强调这一点，乃是因为我觉得，这样就可以在灵魂的本性方面，弄清一些重要的问题，并且防止一些很危险的错误。我们虽然可以说，自己对能动的实体和动作，有一个“概念”，但是严格地说来，我想我们对它们并没有一个观念。我所以说我对自己的心和它在观念方面的动作有几分知识或概念，也只以我所知的这些文字的意义为限。我能知道的事物，我对它自然要有某种概念。不过世人如果愿意把观念和概念两个名词互相调用，则我也不说不可以。不过我们必须以不同的名称来分辨很不同的事物，那才能有明白而妥当的表示。此外，我们还当说，各种关系中如果含有心灵作用，则照正确说法，我们便不能对它们有任何观念，我们只可以说，对那些事物间的关系，有一种概念。但是如果照现代人的做法把观念一词扩及于精神、关系和动作，那么，这只不过是一个口头的争论罢了。

143. 我们还可以附带说，研究精神事物的那些科学所以特别的复杂而晦涩，抽象观念的学说，实在是致误的最大原因。人们想象自己可以对心灵的能力和作用构成抽象的观念，而且以为它们不止可以独立于其相关的对象和结果而外，而且也可以独立于心灵或精神以外。因此，在哲学中和道德学中，人们便造了许多暧昧而含混的名词，以为它们是表示抽象概念的。因为这种缘故，所以学者间便发生了无限的纷乱和争辩。

144. 不过人在心灵的本性和作用方面，促使人们发生许多争执和辩论的最大原因，似乎就是在于他们惯以由可感观念借来的名词来谈说那些事物。就如人们说，意志是灵魂的运动，因此，人们就会相信，人心就如正在运动的球似的，它可以被感官的对象所推动、所决定，正如球之被球拍所决定一样。因此，就发生了许多可以危及道德的猜疑和错误。不过哲学家如果肯平心静气来想，并且注意观察自己的意思，则这类错误是可以避免的，而且我们会看到，真理是明显、一律而独立自存的。

145. 我们对于精神所有的知识不是直接的：由前边所说的看来，显然可见，我们所以能知道别的精神的存在，只是凭借于它们的作用，或它们在我们心中所刺激起的观念。我看到有些观念有各种运动、变化和结合，那就使我知道，还有一些别的特殊的动因如我自己似的，伴随那些观念，产生那些观念。因此，我对于别的精神所有的知识不是直接的，并不如我对于自己观念所有的知识那样。那种知识所以成立，只是因为有一些观念作媒介，因为我认为那些观念只是一些结果或附带的符号，而认它们为来自异乎我的能动因或精神的。

146. 不过有些东西虽然使我们相信，它们是由人类产生出的，可是人人都可以看到，名为自然作品的那些事物，就是我们所感知的观念和感觉的最大部分，都不是因人的意志所产生，也不是依靠于它的。因此，必须有别的精神才能把它们产生出来，因为要说它们能自存，那是矛盾的(参阅 29 节)。但是我们如果仔细考察自然事物的恒常的秩序、规律和连贯，考察宇宙中较大物体的惊人的宏壮、美丽和完善，考察较小物体的精巧的构造，考察全部结构的精确调和同一致，考察那些妙不可言的苦痛和快乐的法则，考察各种动物的本能（或自然倾向），嗜欲和情感——我们如果考察这些，并且仔细注意“唯一的”、“永久的”、“全知的”、“全善的”、“完美的”诸种品德的含义和重要性，我们就可以分明看到，这些品德只能属于前说的精神；因为他是权力最高，一切事物都是依靠于他而存在的。

147. 上帝的存在较人的存在还为明显：由此，显然可见，上帝也正如别的异乎我们的那些心灵或精神似的，是明显地，直接地为我们所认识的。不止如此，我们还可以进一步说，上帝的存在比人的存在还更被人感知得明显万分。因为自然的结果，比人类的结果多无数倍，重要无数倍。凡能指示有人的任何符号，或凡能表示人所产生的结果的任何东西，都更能指示出精神的存在，都更能指示出造物主的存在。因为显而易见，在影响别人时，人的意志没有别的作用，只有使自己的肢体运动起来，可是这个运动所以能在别人心中刺激起任何观念来，那全凭借于造物主的意志。只有他可以“凭表示自己权力的言辞，来支持万物”，只有他可以使各个精神互相交通，使他们互相能察看出对方的存在。不过这个纯洁的、明白的光，虽可以启发一切人类，可是人类大部分又都是看不见它的。

148. 不过不喜欢思想的群众确有一个普遍的借口，他们说：“我们看不到上帝。我们只要看到他，一如我们看到人似的，那我们就会相信他的存在，相信之后也就会服从他的命令”。不过可怪得很，我们一睁眼，就可以看到万物的主宰，而且我们看他比看任何一位同类的人还清楚、还明白。自然，我并不曾想象，我们可以直接立刻看见上帝（如有些人所主张），而且我也不曾想象，我们看有形的事物时，不是看其自身，而是借着看表现它们于上帝本质中的那些东西的。因为，我不得不承认说这种说法是不可思议的。我可以把我的意思解释一下。一个人的精神或人格，不是可以为感官所看到的，因为他不是一个观念。因此，我们在看到一个人的颜色、大小、形象和运动时，我们只是看到自己心中所产生的一些感觉或观念。这些观念既然形成各别的集合体，呈现于我们的视线，因此，它们就足以向我们标记出类似我们的有限的、被造的精神的存在来。因此，显而易见，所谓人如果是指能生活、能运动、能知觉、能思想的一种东西而言（如我们这样），则我们是看不到人的。我们所见的只是那种观念的集合体，即可以使我们想到，有一个独立的思想和运动原则，是伴随那个集合体，而且为那个集合体所表示的。我们之看上帝也是一个方式。所有的差异只是：各种观念的有限的、狭窄的集合体只标记一个特殊的人心，可是我们随时随地，只要睁开眼睛都可以看到神灵的标记。我们所见、所闻、所触或以其他方式所感知的东西，都只是上帝的权力的符号或结果。正如我们所看到的那些特殊的运动是为人所产生的一样。

149. 因此，显而易见，任何稍能思考的人都可以看到，没有东西能比上帝或创造精神的存在更为明显的。只有他是亲切地呈现于我们的心中，在我们心中不断地产生各式各样的观念或感觉来，而且我们是绝对地、完全地依靠他的，而且“我们是在他以内生活、运动和存在的。”这个伟大的真理，是贴近人心，而且是显而易见的，可是竟然只有少数人的理性发现它。这真可以表示出人类的愚蠢和疏忽到了怎样凄惨的地步，因为他们周围虽然尽有神明的明白表现，可是他们丝毫没有受感动，好像因为光线太强，反把他们弄瞎了。

150. 人们为拥护自然对我们所加的责难——答复：不过您又会说，在产生自然的事物时，“自然”完全不参与其中么？我们必须把它们都归于上帝的直接的、唯一的动作么？我可以答复说，所谓自然，如果是指一系列可见的结果而言，或指依照确定的普遍规律印于人心的一系列感觉而言，那么显而易见，自然在这种意义下是不能产生任何东西的。如果自然一词是指异乎上帝、异乎自然规律，异乎感官所感知的一些事物而言，那么我必须承认这个名词只是空洞的声音，并未附有任何可理解的意义。这种意义下的自然只是一个无所谓的幻想，只有不能正确理解上帝的普遍存在和无限完善的那些异教徒们，才带来这个幻想。不过《圣经》上既然不断地把异教哲学家归于自然的那些结果，归于上帝的直接的手，因此，基督教徒如果一面说自认信仰《圣经》，一面却又信奉自然学说，那就更不可解了。《圣经》上说：“天主使蒸气上升，使雷雨交作，又从宝库中吹出风来。”〔见耶利米(Jeremiah) 10章 13 节〕又说“他使死的黑影变为晨光，又使白昼黑如深夜。”〔见阿摩司(Amos) 5 章 8 节〕又说：“他降临地上，用雨洒润它；他又祝福地上的泉水，使岁有丰收，牛羊遍野，五谷满仓。”(诗篇 65)不过这虽是经上的常言，可是我们总不知道为什么不愿意相信：上帝是这样亲切地关心我们的事物的。我们总愿意假设他离得我们很远，总愿意用一种盲目的、不能思想的东西来代替他，虽然他是同我们人人都很近的，如果我们可以相信圣保罗的话。

151. 人们根据三种理由来反驳说，上帝的手不是直接的原因——现在我要加以答复：人们一定又会答复说，(1)自然事物在产生时，是照迟缓的方法进行的，因此，它们的原因似乎不是全能神灵的直接的手。(2)妖怪，流产，风吹落的嫩果，下在沙漠中的雨水。(3)和人生所常遇的不幸事故，都足以证明，自然的全部构造不是为全知全善的精神所直接促动和主持的。不过我在第62节所说的话很可以答复这种责难。因为要想依据最简单、最一般的规则来进行，并且照一种稳定的一贯的方法来工作，上述的自然方法是绝对必需的；而且非如此不足以证明上帝的智慧和善意。自然的庞大机器是结构得很精巧的，因此，在它的各种运动和现象打动我们的感官时，我们这血肉之人并不能看到促动全体的那只神手本身。先知说："真的，你是时在隐藏中的一位上帝。"〔以赛亚(Isaiah) 95 章 15 节〕不过沉醉懒惰的人，虽然因为不肯稍微运思，以致上帝隐而不现，可是在能注意而无偏见的人心看来，一位全知的精神的切近存在，是不能再为明白易见的，而且他是形成万有、支配万有、保持万有的。由别处所说的看来，上帝必须要按照一般的、确定的法则来动作，才能在人生事务中来指导我们，才能使我们窥见自然的秘密。因此，离开这种进行方法，则人类的全部思想，全部聪明，全部设计，便都归于无效；不但如此，而且人心中会因此根本不可能再有那些官能或能力。（参阅31节）只要一考虑到这一方面利益，就可以把由此所可能发生的特殊的麻烦都会抵消而有余。

152. 我们还当进一步考察，(1)自然中的缺点和污点，也并非没有功用，因为它们正可以把宇宙中其余部分的美丽增大，凑成一幅美景，正如画中的影子，能衬托较明显的部分一样。(2)我们还应当仔细考察考察，我们所以认为种子的消耗、动植物在未成熟前之偶然的毁坏，是由于造物主的不明智，那种责难是不是由于我们看惯了无能力、爱节俭的人们以后，所养成的成见来的。在人类方面节俭从事自然可以认为是聪明的，因为他在获得那些事物时，是不能不费许多辛苦和勤劳的。但是我们却不要以为，动植物之妙不可言的结构，在产生时，比一块小石多费了造物主的辛苦和劳力。明显不过的是：一个全能的精神可以只凭其单纯的命令或意志的动作产生出任何事物来。因此，自然事物之丰富多彩，并不能认为是造物主的弱点或奢靡，反而可以证明他的能力的无限丰富。

153. 至于说到由一般的自然规律和有限的不完全的精神的动作而来的世界中所混杂的那些痛苦或不快，则在我们现在所处的状况下，正是我们幸福的必要条件。不过我们平常的见识是太狭窄了，例如我们只想到一个特殊痛苦的观念，认为它是一种罪恶，实则我们如果扩大我们的眼界，如果观察各种事物的各别的目的、联合和关系，观察在何种情形下，以何种比例，我们要受到痛苦与快乐的刺激，观察人类自由的本性，观察上帝造人的计划——我们如果观察到这些方面，则我们便不得不承认，有些事物，若就其本身论，虽是恶的，可是我们如果就它们和全体事物系统的关系看来，它们是有善的本性的。

154. 一般的人类如果都肯注意，则便没有人肯相信无神论和摩尼教(Manicheism)[3]：由前边所说的话看来，任何有思想的人都会看到，人们所以赞成无神论和摩尼邪教，只是因为他们缺乏注意，不能放眼观察。渺小而不思想的灵魂，也许会非笑上帝的工作，因为他们没有能力来了解(或者不肯费心来了解)宇宙的美丽和秩序。但是人们只要能正确地、充分地运用思想，并且能习于反省，则他们会对在自然结构中光明夺目的神明的智慧和善意的痕迹赞叹不已。不过真理虽然可以很强地照耀人心，可是我们如果心存厌恶，或者故意把眼闭上，它还能让人看到么？一般人既然专心于俗务或享受，而不常睁开自己心灵的眼，那么他们对于上帝的存在之不能明知灼见(如理性动物所应有的)，何足为奇呢？

155. 我们只应惊异，人们为什么愚蠢得忽略了那样明显而重要的真理，却不应在他们忽略了以后，来惊异他们不相信那个真理。可是可怕的是生在基督教国家的许多有天才、有闲暇的人，却因为懒惰异常，竟至沦为无神论者。因为一个灵魂如果透彻地、了然地彻底感觉到全能精神的遍在、圣洁和正义，则他绝不会怙恶不悛，毫无羞耻地触犯他的法律。因此，我们应当认真思维，玩味那些重要之点；这样我们或者会毫无疑义地来确信，"天主之眼可以到处看到善恶"，可以确信，他到处同我们相伴，他给我们面包吃，给我们衣服穿；可以确信，他是呈现于并且意识到我们的最深的思想的；可以确信，我们是绝对地、直接地依靠他的。我们如果能明白地看到这些伟大的真理，则我们会产生戒慎之心，恐惧之念，这正是促使人向善的最大动机，防人为恶的最好武器。

156. 在我们的研究中，首要的是考察上帝和考察我们的职责。我所以要费心来从事研究，主要的目的也正在于促醒人来考虑这一点。因此，我所说的话如果不足以使读者虔诚地感知到上帝的存在，则我可以认为我的辛苦都是无用的，白费了的。不过我既然指出学者们所主要从事的那些空洞的思辨是虚妄无用的，因此，我们或者较容易使他们恭敬接受益人利物的福音真理，因为认识并实行那些真理，人性才能达到最美满的境地。

注释

① 索西尼主义系意大利 Lelio Sozzini 和其侄子 Fausti Sozzini（1539—1604）的学说。他们以为耶稣不是上帝，而是一个神圣的预言家，而且所谓圣体也并没有超自然的性质。这个主义阐述在 *Confession of Rakow*（1605）一书中。——译者注

② 牛顿“数学原理”中定义八下面有一段注文说：“能以分辨绝对运动和相对运动的那些结果，就是由环形运动的中轴向四周倒退的那些力量。因为在纯相对的环形内并没有那种力量。但是在真正的绝对的环形运动中，这些力量的大小是跟着运动的数量变的。我们如果用长绳把一个器皿拴起来。并且把那个器皿继续转动，一直使那条绳子紧紧的扭起来。于是我们再用水装在这个器皿内，并且把那个器皿持得稳静起来。此后，另一种力量的忽然动作，又使它照着相反的方向绕动起来，而且当绳子放松了时，那个器皿也继续这种运动。在刚运动时，水面是平的，正如那个器皿未运动时一样，不过在此以后，那个器皿因为逐渐把它的运动传在水里的缘故，就使水分明搅动起来，逐渐离开了水的中心，而升到器皿的四周，成了一个凹形（这是我所实验过的）。这种运动愈快，则水起得愈高，因为它和器皿同时旋转之故，最后水在器皿中就变成了相对的静止的。水的上升表示它努力要从它的运动的轴心往后退，水的真正的绝对的环形运动（它在这里是和相对的运动恰相反的）就被我们知道了，而且它可以被这种努力所度量。在一起初当器皿中的水的相对运动最大的时候，它并没有产生从轴心倒退的努力，水并没有表示出趋向于周围的倾向，和向四周高升的样子，它只是一个平面。因此，它的真正的环形运动仍是没有开始的。不过在以后，水的相对运动递减以后，则它向四周的上升就证明它是努力远离轴心的。这种努力表示出水的实在

的环形运动是不断的增加的，后来这种环形运动得到最大的数量时，水就在器皿中相对地静止下来。因此，这种努力并不依靠于水对四周物体的移动，而且真正的环形运动也不能被这种移动所界说。任何旋转的物体只有一种真正的环形运动，这种运动只和一种努力远离其运动的轴心力量相应，这种离心力乃是这种运动的固有的结果。至于一个物体的相对运动，则按它和周围物体的各种关系，成为无数的，而且它们正和别的关系一样，并没有任何真正的结果，除非它们或者参加了那种唯一的真正的运动。”——译者注

③ 摩尼教创始于摩尼(Mani)，摩尼生于巴比伦(公元216—276年)。他的宗教是二元的。光明和黑暗是世界上两大势力。光明是善的，黑暗是恶的。他以为他这话不是譬喻，乃是实在的事实。因此宗教的知识就含着关于自然及其各种元素的知识，而且要想超度，就得先使光明的元素摆脱黑暗的元素。

现世界的自相矛盾的特质，构成了摩尼的思辨的起点。从世界的自相矛盾，他就断言，有两种完全互相差异的存在——光明和黑暗。他把光明和黑暗想象为两个王国。光明首先表现为原始的善的精神(上帝充满了爱、信、诚实、高超、聪明、慈惠、知识、理解、神秘和洞见)，其次又表现为光明的诸天，光明的地球，以及它们的保护者——光荣的天使。黑暗也是一个王国(或者较正确的说来，它被设想为一个精神的女性的人格)，不过它没有上帝为它的首领。它占领着一个黑暗的地球。撒旦和群鬼是生于黑暗的王国中的。这两个王国是亘古对立的，它们在一面互相接触着，不过它们却永远不能相混。——于是撒旦就侵入光明的王国里。于是光明之国的上帝便生了原始的人，差遣他来同撒旦交战。不过撒旦势力较大，所以原始的人就被克服了。后来光明的神虽然跑到战场，借新的天神的帮助，使撒旦完全失败，并且使原始的人获得自由，不过原始的人已经被黑暗把自己的光明剥夺了一部分。

摩尼相信自己是世界上最大最后的预言家，他超过了他以前一切神圣的启示，他要建立一个完美的宗教。——译者注

图书在版编目(CIP)数据

人类知识原理 /（英）贝克莱著 ；关文运译. 北京：商务印书馆，2025(2025.12 重印). --（中外哲学典籍大全）.ISBN 978 - 7 - 100 - 24661 - 3

Ⅰ. B561.27

中国国家版本馆 CIP 数据核字第 2024LY1588 号

中外哲学典籍大全·外国哲学典籍卷

人类知识原理

〔英〕贝克莱 著

关文运 译

洪 谦 校

商 务 印 书 馆 出 版

（北京王府井大街 36 号 邮政编码 100710）

商 务 印 书 馆 发 行

北京市十月印刷有限公司印刷

ISBN 978 - 7 - 100 - 24661 - 3

2025 年 3 月第 1 版 开本 710×1000 1/16

2025 年 12 月北京第 2 次印刷 印张 8½

定价：40.00 元